AF368815

LOS 10 ERRORES QUE COMETEMOS LAS MUJERES BUSCANDO EL AMOR

MARILYN MARTÍNEZ

www.buscandoelamor.guiaburros.es

EDITATUM

Diseño de cubierta: ©María José Ocón Ortigosa (EDITATUM)
Maquetación de interior: © EDITATUM

Primera edición: febrero 2020

ISBN: 978-84-18121-15-9
Depósito legal: M-6074-2020

Si después de leer este libro, lo ha considerado como útil e interesante, le agradeceríamos que hiciera sobre él una **reseña honesta en Amazon** y nos enviara un e-mail a **opiniones@guiaburros.es** para poder, desde la editorial, enviarle **como regalo otro libro de nuestra colección.**

Gracias a mi madre, Amparo Pérez, por haber creído siempre en mí, por enseñarme lo que es el amor incondicional y darme siempre la libertad de tomar mis propias decisiones.

Gracias a mis tres maravillosos hijos Borja Adán, Hayzam Adán y Javier Correal. Ellos han sido y siempre serán el motor de mi vida. Me siento profundamente bendecida y orgullosa de ser su madre.

Gracias a mi padre, Celestino Martínez, que fue uno de mis mayores maestros.

Gracias a mi abuela, Rosa Pérez, que siempre vio en mí a alguien especial.

Gracias a mi hermano, Celestino Martínez al que siempre llevo en el corazón a pesar de la distancia.

Gracias a mi editor, Sebastián Vázquez por haber confiado en mí y haberme dado la oportunidad de publicar éste libro.

Gracias a las personas que han aportado luz, claridad y amor en mi vida en algún momento aunque haya sido brevemente. Gracias también a las que me han forzado a aprender sobre mí y a evolucionar.

Gracias a todos los mentores que han ido iluminando mi camino compartiendo su sabiduría.

Gracias a personas maravillosas que he tenido la bendición de conocer, que me han ayudado en mi camino y que han creído en mí… en especial, a Ana Cruz Gómez, Luis Chereque, Miguel Ángel Pérez, Fernando Sampedro, Natividad Pérez, Leonardo Moyano, Juan Martín, Richard Pena, Carmen Alonso, Nerea Rodríguez, Isabel Casas, Isabel Rivero, Amparo Pérez, Asunción López, Nuria Terruella, Susana Cirre, Raquel Garrote, Diana Madrigal, María Rainbow, Marifé López, Stella Jiménez y Sonsoles Pueyo.

Y por último, un agradecimiento muy especial a la persona que más me inspiró a terminar éste libro y a perseguir mi sueño de verlo publicado, Federico Balderas. Gracias por existir.

Sobre la autora

Marilyn Martínez Pérez. Mentora y terapeuta de alto rendimiento *Mindjung*, Terapeuta de alto rendimiento *Mindjung* Transpersonal, Maestra de *Reiki*, *Coach* Holística y Consultora personal inmobiliaria.

Apasionada del comportamiento humano, la comunicación, las relaciones y el crecimiento personal y espiritual. He estudiado sobre todos ésos temas de forma intensiva los últimos diez años con el propósito y la misión de ayudar a la gente a aumentar su autoestima, ser más felices y tener relaciones personales gratificantes.

Índice

Introducción 15

Error 1. No escoger bien 25

Error 2. No quererte suficiente 39

Error 3. No entender que somos diferentes 51

Error 4. No dejarlo ser un hombre 65

Error 5. No comunicarte de forma adecuada 77

Error 6. No darle al sexo la importancia que tiene 89

Error 7. Tus prejuicios sobre
los hombres y las relaciones 101

Error 8. Hacer demasiado 109

Error 9. No entender su lenguaje del amor 123

Error 10. No hacerte responsable de tus errores 131

Introducción

Hace seis años llegaba a Madrid con mis tres hijos, después de mi segunda separación, para empezar una nueva vida. Lo que en principio podría ser considerado un fracaso o una circunstancia difícil se convirtió en mi mayor bendición y el mejor impulso para evolucionar que había tenido en mi vida hasta ese momento. Y es que a veces las separaciones son necesarias. En muchos casos, para ambos.

Sucede que en muchas ocasiones no podemos elegir lo que nos pasa, pero siempre tenemos elección sobre qué hacemos con las circunstancias que nos pasan... Dejar que nos destruyan o dejar que nos construyan...

Y es que nadie nos enseña las cosas importantes de la vida. Entre otras muchas cosas, nadie nos enseña a superar una ruptura, y lo que es peor, nadie nos enseña a evitarla. Y es una pena, porque hoy en día, después de años de estudio intensivo y de analizar y observar muchos casos particulares y mis experiencias personales, estoy completamente segura de que la mayoría de las rupturas son evitables, si sabemos cómo y si estamos dispuestos a poner el esfuerzo por nuestra parte.

No todas las relaciones merecen ser salvadas, por supuesto. Pero también hay muchos casos en los que ambos quieren salvar su relación e intentan lo que pueden, pero finalmente se rinden o buscan a otra persona nueva como recurso más fácil.

Las relaciones son oportunidades maravillosas para conocerte y para evolucionar, incluso las que terminan. Pero para ello tenemos que aceptar nuestros errores y aprender de ellos.

En este libro aprenderás a reconocer cuáles son los errores que puedes estar cometiendo tú sin saberlo, y con ello y con los tres ingredientes que yo considero básicos, podrás salvar tu relación, mejorarla, superar una ruptura, mejorar tu autoestima, volver con tu «ex» o estar preparada para tener una relación nueva que sea mucho más gratificante, en el momento que estés lista para ello.

Esos tres ingredientes son, en mi opinión: Respeto, Amor y Comprensión. Primero hacia ti y luego hacia tu pareja. Pero me refiero a Respeto de verdad, Amor de verdad y Comprensión de verdad. Un genuino deseo de respetar tu forma de ser y la de la otra persona, un profundo interés por comprenderte tú y comprender al otro... Cuáles son sus miedos, sus sueños, qué necesita para sentirse amado o amada, y sobre todo Amor, un amor sano e incondicional, hacia ti primero y darlo también al otro sin esperar nada a cambio y con el único fin de hacer que la otra persona se sienta amada y feliz, tal y como merece, al igual que nosotras.

Sí, es cierto que hay más ingredientes en una relación, como la atracción, la conexión y el sexo, por ejemplo. La atracción es lo que diferencia a una amistad de algo más, y la conexión y el sexo surgen a partir de la atracción, pero lo que en mi opinión hará que una relación pueda perdurar son esos tres pilares (Respeto, Amor y Comprensión), que en realidad implican otras muchas cosas más como la compasión con uno mismo y con el otro, comunicarse, aceptar, aceptarse, perdonar, perdonarse, etc.

Todo eso podrás dárselo a alguien únicamente cuando hayas conseguido dártelo tú. Una vez que llegues ahí, a aceptarte y amarte de verdad tal y como eres, estarás lista para darle ese mismo amor incondicional a alguien más, y podrás sentirte merecedora de recibirlo cuando alguien desee dártelo a ti.

Sinceramente, nunca imaginé que escribiría un libro ni que pudiera ayudar a alguien lo que yo contase... Había cometido demasiados errores a lo largo de mi vida... ¿Quién era yo para enseñar algo a alguien?

Como dicen siempre en el mundo del *coaching*, «hay dos días importantes en tu vida: el día que naces y el día que descubres para qué».

Así fue para mí también. La vida me fue dando cada vez más pistas de por qué y para qué había cometido todos esos errores, de lo que había venido a aprender personalmente y que precisamente ese era mi propósito y mi misión: compartir mi experiencia con otras mujeres para dar luz a esos errores que no solemos identificar, para que puedan ser más felices, tanto ellas como ellos...

No pretendo que te sientas culpable ni tampoco decirte lo que tienes que hacer. Todos cometemos errores y todos somos libres de tomar nuestras propias decisiones, así que soy consciente de que este libro, al igual que todos los que se han escrito con el mismo fin de ayudar, solo podrá hacerlo en el caso de que una persona esté buscando respuestas y esté lista para aceptarlas, recibir el mensaje que necesita en este momento o que le parezca coherente con su forma de ser, y tomar acciones diferentes.

No pretendo convencer a nadie de nada, solo aporto mi punto de vista y mis reflexiones para que cada persona se quede con el mensaje que necesite. A veces, un pequeño cambio o un punto de vista diferente hace que toda tu panorámica cambie de la noche a la mañana. Como decía Wayne Dyer, «cuando cambias la forma en la que ves las cosas, las cosas que ves cambian».

Creo que el entendimiento y la compresión entre hombres y mujeres es fundamental a nivel personal y social, y el relacionarnos de forma más respetuosa y armoniosa nos haría mucho más felices, tanto a nosotras como a ellos. Y ambos lo merecemos.

Mi deseo es evitar mucho sufrimiento innecesario, o al menos animar a las mujeres a enfrentarlo con una actitud más positiva, más transformadora y empoderada.

Verás, tomar conciencia de que estamos cometiendo un error es el primer paso. No podemos evitarlo si no sabemos que es un error. Ser conscientes de ello nos da una nueva perspectiva para poder rectificar sin culpas innecesarias hacia nuestra pareja o hacia nosotras mismas.

Y doy luz a los errores porque, lo queramos o no, independientemente de cuántas cosas hayamos hecho bien con nuestra pareja o con quien sea, al final siempre somos juzgados por aquello que hemos hecho mal, así haya sido una sola cosa. Todos sabemos el poder que pueden tener, por ejemplo, algunas palabras dichas en un momento dado, fruto del resentimiento.

Y sobre todo porque me di cuenta, después de muchos años siguiendo a los mejores *coaches* del mundo y expertos en relaciones, que independientemente de la cultura o del país del que fueran las mujeres, casi todas cometíamos sistemáticamente los mismos errores por un motivo fundamental: no sabíamos que era un error. Era la forma de actuar que nos parecía lógica siendo mujeres, pero puesto en la práctica con los hombres, los resultados eran totalmente opuestos a lo que deseábamos. Por ello decidí dar luz a esos puntos ciegos que tenemos, como cuando conducimos, y que nos causan tantos resultados desastrosos y tantos accidentes en nuestra vida.

Solo con suprimir los errores que estamos cometiendo, todas nuestras relaciones mejorarían muchísimo y nuestra autoestima sería mucho más fuerte. De hecho, tal y como iremos viendo a lo largo de los capítulos, este libro tiene como base el fortalecimiento de la autoestima, ya que la calidad de las relaciones que tenemos con los demás son un reflejo de cómo nos relacionamos con nosotros mismos y cómo nos tratamos. Por lo tanto, ya sea que estés sola en este momento, como si tienes problemas en tu relación o matrimonio, como si quieres superar una ruptura o volver con tu «ex», todo parte de ti misma, de cuidarte y de trabajar en ser feliz tú. El camino es el mismo en todos los casos.

Si empiezas a eliminar actitudes y comportamientos que no son productivos, dejas de cometer errores que te están jugando en contra y empiezas a cuidarte, amarte, respetarte y a incorporar nuevos hábitos positivos con respecto a ti y también con los demás, incluida tu pareja, el cambio puede ser increíble.

Este es un libro escrito en tono para mujeres, por y para ellas, pero también para ellos, ya que es en beneficio y para la felicidad de mujeres y de hombres, puesto que que el resultado directo es que las parejas de las maravillosas mujeres que lean este libro y hagan el esfuerzo consciente de mejorar ellas y enriquecer sus relaciones, conseguirán ser más felices y también «hacerlos» más felices a ellos y a todos los que formen parte de su vida; si tienen hijos, también les afectará de forma positiva ver a su madre más feliz, ver un ambiente mucho más amoroso entre sus padres y les servirá para poder tener un buen modelo a seguir en cuanto a relaciones de pareja en un futuro, y poder construirlas de forma sana para ellos mismos.

Por supuesto, si también los hombres leen este libro, podrán no solo entender mucho mejor a sus mujeres o parejas, y por lo tanto podrán «hacerlas» también más felices, sino que además podrán entenderse mejor a ellos mismos, ya que muchos de los comportamientos que tenemos, tanto hombres como mujeres son comportamientos a nivel subconsciente, y por lo tanto no solemos ser conscientes de ellos ni sobre lo que los motiva.

Cuando hablo de hombres y mujeres y de relaciones, no me estoy refiriendo únicamente a parejas heterosexuales, ya que todo se puede aplicar a parejas homosexuales también. En realidad, cuando hablo de hombres y mujeres hablo más en términos de energía masculina y femenina que propiamente del hecho de que sean hombres y mujeres; de modo que cuando me refiera a hombres y mujeres, siempre me estaré refiriendo a energía masculina y femenina, tal y como se suele dar también en las relaciones homosexuales, en las que una de las dos partes adopta un rol o lidera más con una energía femenina y la otra parte con una más masculina, como polaridades necesarias para que se dé la atracción.

Desde aquí quiero transmitir mi respeto por cualquier tipo de relación y mi entendimiento de que lo más importante en una relación es siempre que haya amor, respeto y comprensión, independientemente del sexo que tengan las personas que forman las parejas.

Es mi deseo que tanto tú como tu pareja podáis ser más felices juntos y podáis construir una relación y una familia maravillosa. Vuestra felicidad será también la mía, porque estaré cumpliendo con mi propósito y mi misión.

Nada me haría más feliz que poder aportar una semilla de felicidad a cada persona que lea este libro, y que pueda hacerse extensivo a todas las personas con las que se relacione.

Que seas tan feliz como mereces.

Error 1
No escoger bien

A partir de este error surgen la mayoría de los problemas y de los disgustos, así que te invito a que reflexiones sobre ello.

Si somos sinceras con nosotras mismas, en el fondo de nuestra alma sabemos que cuando una relación termina en ruptura, dure los años que dure, en muchos casos no tendría que haberse dado ni siquiera en un principio, porque hemos tenido avisos desde el inicio de la relación de que no funcionaría, que no era lo que nosotras queríamos, que no era el tipo de relación que merecíamos, que continuamente teníamos que esforzarnos en lugar de que las cosas fluyeran de forma natural. Pero a pesar de esa vocecita que nos avisaba, intentábamos justificarlo diciendo que las cosas cambiarían y que en algún momento ellos se darían cuenta de lo maravillosas que éramos, de lo bien que estaban con nosotras y que todo cambiaría para mejor.

Si has estado en esa situación alguna vez, ya sabrás que eso nunca funciona. Y no es porque tú tengas un problema, no es porque tú no hayas dado suficiente a la relación y no es porque tú no seas tan maravillosa. Simplemente es un fallo de base: no es la persona adecuada ni la relación adecuada, por mucho que nos empeñemos. Y mira que nos solemos empeñar. Con hombres que no nos hacen felices, con hombres que desde un principio no nos están dando lo mínimo para que nos sintamos valoradas, o incluso cuando nos están diciendo que no están listos para una relación y los justificamos diciendo cosas como: «Es que en realidad siente algo muy intenso por mí y eso le asusta». He visto y escuchado comentarios de este tipo por parte de miles de mujeres de cualquier lugar del mundo, y déjame que te diga que aunque la verdad duela a veces, sabemos que esas solo son excusas que nos ponemos para seguir manteniendo con alguien una relación que sabemos que no tiene futuro, o que sabemos que no es lo que merecemos. A veces nos conformamos por miedo a volver a «fracasar», a volver a estar solas, porque «es mejor eso que nada» o porque pensamos que en realidad no existe para nosotras una mejor opción, que es lo que hay, que todos los hombres son así. Y de esa manera nos engañamos y nos conformamos con algo o alguien que no nos hace felices de verdad. Y en algunos casos no es que la otra persona sea «mala persona»; simplemente algunos de esos hombres no están preparados para algo de verdad en ese momento de su vida, o simplemente les pasa como a ti y no eres la persona que lo llena y lo inspira de verdad. Él no es el hombre con el que deberías estar, ni tú la mujer con la que él debería estar, nada más.

Elegir a una persona nos condiciona nuestra vida para bien o para mal; por eso tienes que tener el valor de decir que no cuando ves que ya desde el principio una relación no está funcionando y no te estás sintiendo como te deberías de sentir. En una relación sana las cosas fluyen de forma natural, los dos tienen ganas de verse, los dos buscan tiempo para hacerlo, los dos tienen ganas de hacer planes, compartir experiencias, hablar durante horas... Eso no pasa solo en las pelícu-las, eso pasa en la vida real si encuentras a la persona adecuada. Pero para encontrar a la persona adecuada tienes que estar sola y dispuesta a decir que no las veces que sean necesarias, porque si estás «perdiendo el tiem-po» intentando hacer que algo funcione, «trabajando» e invirtiendo tiempo con la persona equivocada, no po-drás crear ese espacio para conocerlo y nunca podrás saber qué se siente en una relación de verdad, en una relación como te mereces.

En mi opinión, todas las personas que conocemos son una bendición o una lección; cuando aparece en nues-tra vida alguien que no nos respeta o no nos trata como merecemos, en realidad viene a enseñarnos a que nos respetemos a nosotras mismas y que nos demos cuenta de que merecemos algo mejor: son una lección.

Y sí, es cierto que siempre se aprende algo, incluso de las circunstancias más duras, pero déjame decirte que a veces no hace falta sufrir para saber que merecemos un hombre que nos respete, que nos valore y que nos trate como nos merecemos. Y esto es tanto para hombres como para mujeres, porque ellos también merecen una mujer como tú, dispuesta a aportar a su vida y compartir felicidad con él. Todos, hombres y mujeres, de la condición sexual que escojan, merecen estar con alguien que los valore, los respete, los acepte tal y como son y desee que sean felices sin intentar cambiarlos.

El problema es cuando en lugar de darnos cuenta de eso, aprender la lección y seguir adelante, nos empeñamos en «quedarnos con la lección» o «cambiar a la lección», y lo que deberíamos haber aprendido en unos meses, terminamos aprendiéndolo después de años. Te invito a que cuando veas claramente que algo no es lo que tú piensas que mereces, saques el valor de decir que no y sigas con tu vida. No me refiero a cuando surge el más mínimo malentendido, porque es normal que surjan diferencias y que se trate de resolverlas; me refiero a cuando ves que esa persona no te valora, no se preocupa en lo más mínimo por ti, aparece y desaparece o te dice que no está preparada para una relación, pero que podéis seguir viéndoos y teniendo relaciones sin compromiso, por ejemplo. Puede que te cueste, porque a veces se tienen sentimientos por esa persona o hay mucha atracción entre ambos, pero ganarás respeto por ti misma y tendrás la oportunidad de crear el espacio para conocer a alguien que te llene más en todos los aspectos.

No se trata de buscar una perfección en alguien, porque no hay nadie perfecto. Ninguno lo somos. Pero el caso es que muchas veces no nos planteamos qué clase de persona y de relación queremos en nuestra vida, y se trata de algo fundamental.

No estoy hablando de una lista interminable de requisitos superficiales, sino de valores que sean importantes para ti y de una visión de futuro que sea compatible con la tuya; por mucha atracción física que haya, si estas dos cosas no están alineadas para vosotros no podrá funcionar en un futuro, y para cuando te des cuenta de ello puedes haber invertido varios años en una relación que estaba destinada al fracaso desde el principio. Me refiero a casos como que ella quiera tener hijos y él no quiera tenerlos, o al revés, por los motivos que sean.

Para ello es importante hacer las preguntas adecuadas desde un principio. No en modo interrogatorio, por supuesto, pero sí hacer preguntas que te den información sobre los valores, las motivaciones, el estilo de vida y la idea de futuro de una persona desde una sincera curiosidad, para saber quién es realmente y si podéis llegar a ser compatibles.

A veces pensamos que lo importante es compartir *hobbies* para hacer cosas juntos, pero en realidad —aunque eso está muy bien y crea cierta conexión con la pareja— lo que va a determinar que esa relación tenga futuro es que haya buena comunicación, respeto por cómo es esa persona y su mundo, por sus valores, comprensión y una idea de futuro similar.

De ahí que sea tan importante saber cuáles son las características del hombre con el que te gustaría estar y tu idea sobre la clase de relación que quieres.

Puedes, por lo tanto, escribir incluso la lista por escrito. Repásala después y mira si son cosas imprescindibles o si podrías borrar alguna que no sea tan importante o que no sea condicionante de un sí o un no.

Y después viene el paso más importante. Pregúntate si tú puedes aportar exactamente lo mismo a la otra persona y a una relación. Tal y como dice Deepak Chopra, «conviértete en la persona que quieres atraer». Tú tienes que convertirte primero en esa persona que quieres que aparezca en tu vida y ser capaz de darte y de dar a otro todo lo que tú quieras que te dé tu pareja cuando la encuentres. Si no cumples con todo aún, trabaja sobre ello para convertirte en esa mejor versión de ti misma. Acéptate y ámate por la mujer que eres hoy, pero trabaja en mejorar cada día. Nadie podrá enamorarse de ti hasta que tú lo hagas de verdad. Pregúntate: si fueras un hombre, ¿te elegirías a ti? ¿Te casarías contigo? Trabaja en mejorar y ser tu mejor versión hasta que la respuesta sea un sí de verdad.

Hacer este trabajo es importantísimo para poder elegir bien a un hombre y saber si tenéis posibilidades como pareja a largo plazo y poder ser felices juntos. Y no me refiero a la idea errónea de que esperes a un hombre que «te haga feliz», porque eso es un gran error. No puedes esperar a que alguien te haga feliz. Tú tienes que ser feliz antes de que ese hombre entre en tu vida. Tienes que estar feliz sola. Ese es el momento adecuado en el que se puede construir una relación sana. Esperar a que alguien te haga feliz es una responsabilidad que le estás dando a la otra persona que no es justa y que es el camino al desastre, porque en realidad, por mucho que una persona haga por ti, nunca será suficiente.

Si tu autoestima depende de lo que él te diga, le estás cargando con un peso y una responsabilidad que no le corresponde, y en algún momento se cansará o dejará de estar atraído por ti, porque una de las cosas que más atraen a los hombres es la seguridad en una mujer. No lo confundas con la perfección, porque ningún hombre necesita que seas perfecta, al igual que tú no deberías de necesitar que él lo sea. Tampoco lo confundas con «ir de segura» y no ser vulnerable y aceptar tus fallos o tus defectos, ya que estarías destruyendo una de las mejores formas para conectar con él de alma a alma y crear esa conexión especial entre ambos.

La actitud con la que «entras» a conocer a alguien también es fundamental. La actitud ideal para «entrar» a conocer a alguien es saber que «tú eliges» y ver si él encaja en lo que tú buscas en un hombre. Y esto no es prepotencia; no quiere decir que él no sea un gran hombre, y por supuesto él también «elige». Me refiero a que si «entras» a conocer a alguien con la actitud de «intentar gustarle» y queriendo «demostrarle» que eres la mujer adecuada para él, no saldrá bien. En primer lugar porque de esta manera te estás quitando valor y poniéndolo a él en un pedestal, y en segundo lugar porque cuando intentas «demostrarle» a alguien lo que vales, estás utilizando la manipulación, estás actuando desde la necesidad y el miedo a no ser «elegida», y poniendo tu poder en sus manos, y eso te resta atractivo a ojos de un hombre.

Tú solo tienes que preocuparte de ser tu mejor tú, tu mejor versión, y deja que sea él quien se dé cuenta de lo maravillosa que eres sin que tú necesites que él te lo diga, y desde luego sin preguntárselo. Se trata de aceptarte, quererte y respetarte tanto tú misma que no necesites que ni él ni nadie tenga que decírtelo para que tú lo sientas. Es algo que se transmite. Es una energía que irradias cuando piensas: «¿Sabes? No soy perfecta y no necesito serlo. Soy genial así y pienso seguir creciendo y mejorando día a día».

Cuando te sientes bien contigo misma, es mucho más probable que escojas mejor a un hombre que sea compatible contigo y con el que puedas compenetrarte.

Cuando escoges bien a una persona y no eres dependiente de ella, sino que los dos estáis felices solos y deseando compartir vuestra felicidad con alguien, hay muchísimas más posibilidades de que la relación dure y que los dos os hagáis más felices el uno al otro, ya que los dos juntos potenciáis que el otro sea su mejor versión.

Así que lo primero que tenemos que hacer es ser muy sinceras con nosotras mismas y preguntarnos si ese es el tipo de hombre que queremos en nuestra vida, si esa es la clase de relación que queremos para nosotras, si nos sentimos valoradas y amadas de verdad, si de verdad es así como nos queremos sentir con un hombre y lo que sentimos que merecemos. Después la decisión es tuya, pero no esperes que un hombre te de lo que tú misma no te puedas dar. Si tú no te respetas a ti misma para alejarte de una persona que no te respeta, no puedes pretender que él te respete. Si tú no te valoras lo suficiente para esperar a encontrar a un hombre como te mereces y te conformas con alguien que solo te presta atención cuando no tiene nada mejor que hacer o se aburre, no esperes que él te ponga como una prioridad.

Tu precio lo pones tú, tu listón lo pones tú. Tú decides qué aceptas y qué no aceptas de un hombre. Si sientes que no estás siendo valorada o respetada, aléjate de esa situación y de esa persona y sigue adelante sola. De esta manera, tú te respetarás y te valorarás más por no conformarte y la próxima persona también lo hará.

Es cierto que al igual que en el resto de los errores que cometemos, tenemos que ver en qué punto de la relación estamos. Por ejemplo, no es lo mismo que un hombre esté ausente en una relación que ya lleva tiempo, que una persona con la que has salido una o dos veces o incluso que aún no has llegado a conocer. En el caso de alguien que conoces poco o aún no conoces en persona, debemos ser conscientes de que si ni siquiera al principio es capaz de darte nada ni de invertir el más mínimo esfuerzo en ti, posiblemente no tenga demasiado interés.

Y si es una relación en la que ya llevas tiempo, la comunicación siempre es fundamental. No desde la queja ni desde la culpa hacia él o hacia ti misma, pero sí honestamente, cómo te sientes en determinadas ocasiones o con según qué comportamientos. Preguntarle para que tenga la oportunidad de dar su «versión», que en muchas ocasiones no tiene nada que ver con la nuestra y también es respetable. Cada persona ve las cosas de forma diferente y es importante entender la posición de la otra persona.

Ten en cuenta que todas nuestras relaciones son un reflejo de cómo nos relacionamos con nosotros mismos y son un espejo de aquello que tenemos que mejorar. De la misma manera, también son un espejo en aquello que admiramos en los demás, que también está en nuestro interior, aunque no podamos verlo en nosotros mismos. Los espejos que vemos en los demás no son buenos ni malos; solo son como un espejo o como el agua, un reflejo tanto de lo bueno como de lo menos bueno; sin juzgar, solo reflejan.

Así que cuando conozcas a alguien que no te trata como tú crees que mereces, piensa en qué es lo que tienes que aprender de esa situación. ¿Cuál es la lección que tienes que aprender?

Y sigue adelante, pero aprende la lección, porque si no encontrarás a una persona similar hasta que lo aprendas. De ahí que muchas veces atraigamos a la misma clase de hombres, por ejemplo hombres que no están listos para una relación. Así que aprende la lección, pero no te la quedes.

Cuanto antes «detectes» si alguien es una lección en lugar de una «bendición», mejor; porque es mejor darse cuenta de que algo no va a funcionar en un mes que en dos años. Para ello es muy importante escuchar lo que un hombre te dice sin intentar justificarlo ni interpretarlo. Los hombres son muy directos, y si un hombre te dice, por ejemplo, que no está listo para una relación, es que no lo está. Y agradece que sea tan honesto como para decírtelo y sigue con tu camino. No intentes cambiarlo, ni convencerlo, ni justificarlo. Cuando un hombre tiene interés de verdad, se nota. No tienes que preguntarte: «¿Estará interesado en mí? ¿Le gustaré?». Si a un hombre le gustas de verdad, no dudará en hacer lo que haga falta por conquistarte. Estará ahí y te demostrará o te dirá que le gustas, sin necesidad de que tú le tengas que preguntar nada. Se asegurará de que no estés saliendo con nadie más, será él quien te proponga tener una relación en exclusiva y será él quien te proponga que te cases con él cuando llegue el momento, sin que tú tengas que tener «la conversación» de qué somos y hacia dónde va esta relación.

Si fuera el hombre correcto no tendrías que dudar de lo que siente hacia ti, y si no es el correcto no te culpes ni te lo tomes como algo personal; simplemente él no es para ti y tú no eres para él.

Así que como dice Ophra Wimfrey, «cuando alguien te demuestre cómo es, créele a la primera». No intentes convencerlo ni esperes a que cambie.

La única manera en la que una conducta en modo «convencer» puede funcionar es si es el hombre el que está intentando conquistar a la mujer, porque tal y como hablaremos en otro capítulo, ese es el modo natural en el que un hombre conquista a una mujer utilizando su energía masculina, y la mujer se puede situar en su energía femenina que es por naturaleza receptiva.

Piensa que aunque este hombre que estás conociendo o con el que llevas un tiempo pero no ves que tengáis un futuro juntos no sea el hombre correcto, estás un paso más cerca de encontrar al hombre con el que te complementarás de verdad. Hay millones de hombres y hay un hombre para ti. Confía. Hay hombres maravillosos deseando darle a una mujer todo lo que merece y a hacer todo lo posible para que sea feliz. Ábrete a esa posibilidad y empieza a fijarte en todas las maneras en las que los hombres que te rodean intentan acercarse a ti y a hacer algo por ti... Llevarte algo pesado, abrirte la puerta, llevarte a tu casa, ayudarte con algo... Y agradécelo y valóralo sinceramente. Verás cómo cada vez te das más cuenta de que estás rodeada de hombres encantadores y muchos de ellos dispuestos a conocerte de verdad y a hacerte feliz.

Error 2
No quererte lo suficiente

«Los demás solo aman y respetan a los que se aman a sí mismos».
Paulo Coelho

Si tuviera que recomendarte que pusieras todo tu empeño y toda tu energía en evitar un error, desde luego sería este. Es un error que puede llegar a desencadenar relaciones tóxicas y abusivas.

Solucionar este error no solo te ayudará a mejorar tu relación, sino que podrá darte muchísimas más posibilidades de conocer a un gran hombre y cambiar tu vida por completo en todas las demás áreas.

En mi opinión, no respetarte y no quererte suficiente es la causa de casi todos los demás errores, así que tómatelo en serio. Es algo de lo que depende la calidad de la vida que tengas, tu éxito y todas tus relaciones en cualquier ámbito.

Todas tenemos inseguridades, al igual que los hombres. Te sorprendería saber que incluso mujeres famosas a las que admiras las tienen también. Sin embargo, respetarte, cuidarte y amarte a ti misma te abrirá a una nueva libertad, la de aceptarte tal y como eres, incluidos tus defectos y mostrarte de forma auténtica.

Una de las cosas que más atraen a los hombres es la seguridad de una mujer cuando se acepta tal y como es, muy en especial cuando acepta su cuerpo. Y no es necesario que para ello tengas las medidas de un cuerpo que en tu opinión sea perfecto, simplemente que tú te sientas a gusto en tu cuerpo, sea este como sea.

A los hombres las preguntas del tipo: «¿Ya no me quieres?», «¿ya no te atraigo?», «¿estoy gorda?» o situaciones como que te avergüences de mostrar tu cuerpo con luz les resulta poco o nada atractivo. Si un hombre está interesado en ti y se siente atraído por ti es que le gustas tal y como eres, incluido tu cuerpo, así que no te preocupes por lo que socialmente está considerado perfecto. No necesitas ser perfecta.

También los hombres pasan por cosas así, aunque tal vez no lo demuestran tanto como las mujeres. Los hombres se preocupan mucho por su aspecto físico y por ser vistos como hombres atractivos.

Así que el primer paso es aceptarte físicamente tal y como eres y cambiar lo que no te guste dentro de lo posible, para que tú te sientas más a gusto contigo misma, que es de lo que se trata.

Y después deja de compararte con otras mujeres. Sí, ya sé que es más fácil decirlo que hacerlo, pero es un paso muy importante en tu vida y muy liberador. El esfuerzo bien merece la pena. De verdad, deja de compararte con otras mujeres, muy en especial con las mujeres que ves es las redes sociales y esa imagen y vida perfecta que parecen tener. No suele ser real, y aunque lo fuera le quita foco a tu vida y a todo lo bueno que tiene que no estás valorando. Créeme, esas mujeres con las que te comparas también tienen muchos de los problemas que tienes tú. O tienen otros diferentes. Nosotras no somos perfectas y ellas tampoco. Todas las mujeres somos únicas y maravillosas, incluida tú. Tú no necesitas parecerte a nadie. Eres un ser único. No hay nadie que sea igual que tú en los 7 billones y medio de habitantes que hay en nuestro planeta, y no hay posibilidad de clonarte a día de hoy. Ahí está tu magia. ¿Por qué necesitas compararte con alguien cuando eres un ser totalmente especial? Además, nadie ha dicho que tengamos que ser perfectos, solo auténticos. Tú tampoco buscas a un hombre perfecto, ¿verdad? Pues ellos tampoco pretenden que lo seas.

Que una mujer les llame la atención por su belleza no quiere decir que piense cambiarte por ella. No es una cuestión de físico, ni de edad, ni de nada de eso. Es cierto que un hombre valora mucho el aspecto físico —son seres visuales—, pero no escogen necesariamente a la mujer más perfecta físicamente. Si quieres mejorar tu físico, hazlo; si quieres vestir de otra manera, hazlo, pero hazlo por ti, para sentirte tú mejor contigo misma, para sentirte más segura, no para «competir» con las demás y que te elija. Sé tú misma, pero sé tu mejor tú, cuídate, haz ejercicio, cuida tu alimentación, aprende cosas nuevas, haz cosas que te apasionen, saca tu verdadera personalidad, atrévete a ser auténtica. Como dice uno de mis mentores favoritos: «Hay algo en lo que nadie puede ganarte: nadie sabe hacer mejor de ti que tú misma». Descubre cuáles son tus dones, tus talentos, tu esencia y muéstrate sin miedo. La gente correcta te adorará por ello y por ser auténtica. Y la gente que no, no importa. Nadie ha dicho que tengamos que gustarle a todo el mundo. No es necesario.

Los celos son otra consecuencia de no quererte suficiente, ya que cuando una mujer tiene baja autoestima se compara con otras mujeres continuamente, y como piensa que ella no es tan atractiva como las demás, piensa que a su pareja le gusta más otra persona o que la puede dejar por alguna otra. Y es cierto, siempre existe esa posibilidad, pero el hecho de ponerte celosa e insegura y controlarlo o hacerle escenas lo único que hará será acelerar el que te deje antes.

Piensa que si un hombre está contigo y se preocupa por ti es porque quiere estar contigo. Así que disfrútalo, y si en un futuro pasa algo ya pensarás lo que quieres hacer en ese momento.

Haz un poco de memoria de tus relaciones pasadas. Lo normal, si vas aprendiendo algo (no solo culpando a la otra persona) es que cada vez hagas las cosas mejor y escojas también mejor a la persona adecuada para ti. Como hemos dicho, las relaciones que tenemos, sobre todo con una pareja, son un reflejo de nosotras y de lo que tenemos que aprender, así que normalmente si tú vas madurando y sabiendo cada vez mejor lo que quieres y lo que mereces, eso se verá reflejado en la calidad de las relaciones que atraes también.

Verás: cuando una mujer no se quiere lo suficiente, hace cosas por un hombre aunque no le apetezcan realmente o aunque le incomoden por miedo a perderlo, a que él se enfade o por resultarle agradable. Le llena de atenciones para demostrar que «ella es perfecta para él» y llega incluso a tener sexo con él mucho antes de «sentirse cómoda», solo porque no la rechace, para darle el gusto o para «ganar» su afecto.

Lamentablemente, todos estos comportamientos consiguen justamente lo contrario al que desean, ya que como hemos dicho, una de las cosas que más atraen a los hombres de una mujer es su seguridad y el ver que una mujer se respeta a sí misma, que tiene unos límites bien establecidos y que no duda en poner en práctica esos límites aunque ello implique no estar con él. Que su respeto por ella misma siempre está delante y antes que cualquiera, para que la traten como se merece.

Muéstrate tal y como eres desde el principio. Si por ejemplo, tu eres una persona con sentido del humor y eso es muy importante para ti, muéstralo sin miedo. Si a alguien no le gusta, es mejor que lo sepas desde un principio, porque tú no tienes que dejar de ser tú para estar con alguien ni fingir ser una persona que no eres para gustarle. Si es la persona adecuada, bromearéis de forma natural y ninguno de los dos se sentirá mal; todo lo contrario, sentiréis que «os entendéis» de forma espontánea.

No necesitas gustarle a todo el mundo; es cuestión de gustarle a la persona correcta, pero para eso tienes que atreverte a ser tú misma y ser auténtica. Solo así sabrás si de verdad le gustas a alguien por quien eres en realidad y si encajáis de verdad. Aunque te parezca rarísimo, a veces los hombres se enamoran de nosotras no por nuestras cosas «buenas» o lo que consideramos nuestras virtudes, sino por esas cositas especiales que hacemos o decimos o esas pequeñas manías nuestras que nos hacen humanas y únicas. Así que acéptate tal y como eres desde hoy mismo, sin condiciones. No cuando pierdas el peso que quieres perder o cuando te hayas convertido en esa mujer que quieres convertirte, sino hoy, tal y como eres, así de auténtica, así de especial, así de única. Esa es tu magia, ese es tu comodín y tu mayor arma a la hora de que alguien se enamore de ti. No pierdas el tiempo queriendo imitar a alguien, cuando tu mayor atractivo es ser tú. Saca tu potencial a la luz y deja que salga eso que te hace única.

Piensa en todas las cosas que te hacen única, las cosas que se te dan bien, las que te dicen los demás y tú no te terminas de creer, las cosas que te gusta hacer, esas cosas que te salen de forma tan natural que no les das importancia, ya sea cantar, pintar, ayudar, cocinar o lo que sea.

Después piensa en qué cosas te gustaría mejorar de ti o que hábitos negativos te gustaría dejar. Proponte mejorar lo que sea más importante para ti y ponte a ello sin excusas. Si es empezar a hacer ejercicio, hazlo desde ya. Si crees que no vas a poder cumplir hacerlo todos los días, hazlo tres veces a la semana, pero comprométete contigo misma a hacerlo. Es para ti, te sentirás muchísimo mejor y de regalo serás más atractiva a los ojos de los hombres. Lo cierto es que el ejercicio físico no debería ser algo negociable, es una necesidad para mantener el cuerpo sano, así que organízate y saca el tiempo de donde sea. Si tiene que ser en lugar de ver series en la tele, hazlo; te sentirás mucho mejor contigo misma y el premio será tu bienestar físico y emocional.

Si es algo sobre tu carácter, ponte con ello; aquí no vale el «es que yo soy así». Todo se puede trabajar.

Así que te propongo que a día de hoy, a pesar de que quieras mejorar cosas en ti o cambiarlas, no te culpes ni te martirices y empieces a hablarte bien y a decirte cosas bonitas. Eres suficiente y eres digna de ser amada como mereces. Comprométete contigo misma a hacer todo lo que haga falta para que te sientas bien, a hacer cosas que te gusten y alimenten tu alma. Ese es el primer paso para mejorar en tus relaciones, para conseguir un trabajo mejor y para tu felicidad y la de los que te rodean.

Quiero que te quede claro que tú no eres tus circunstancias pasadas ni tus errores pasados. Hayas pasado lo que hayas pasado. Perdónate por todo. Si lo hubieras sabido hacer mejor, lo hubieras hecho. Todo el mundo comete errores. Aprende de los tuyos y sigue adelante. No te conformes con lo que necesitas, ve a por la vida que mereces. Mírate al espejo y di: «Te perdono». Di tu nombre y di: «Te amo», «eres suficiente», «eres una mujer maravillosa». Aunque te parezca una estupidez, hazlo todos los días. Hazlo como mínimo 30 días seguidos y observa cómo te sientes después. Viene muy bien tener un diario para ir escribiendo cómo te sientes. Es muy liberador y verás cómo vas sintiéndote cada vez más segura de ti misma y te vas queriendo un poquito más. Haz cosas que te gusten y te hagan sentir bien. Ponte la música que te gusta y baila. Haz esas cosas que antes hacías y ahora ya no porque «no tienes tiempo». Haz eso que siempre has querido hacer y aún no te has atrevido o lo has ido dejando. Busca el tiempo y hazlo. Sentirás como renaces.

Quiérete y respétate como la mujer a la que más admires en el mundo, trátate como pienses que se trata ella. Cuando te pase algo, piensa en cómo reaccionaría esa mujer a la que admiras tanto y haz lo mismo para ti. Si piensas que esa mujer no «aguantaría» cierto comportamiento inadecuado por parte de un hombre, no lo aceptes tú tampoco. Tú vales tanto como ella.

Todas las mujeres, famosas o no, valen lo mismo. La única diferencia es que algunas mujeres no lo saben.

Es importante también poner límites sanos y aprender a decir que no. No tenemos que aguantar comportamientos inadecuados, ni de parejas ni de nadie. Pero claro, para ello, nosotras debemos ser ese ejemplo de respeto hacia la gente; solo desde ahí podemos esperar lo mismo.

Poner este tipo de límites también hace que te sientas mejor contigo misma y que aumente tu respeto por ti y tu autoestima.

Cuando pones límites a lo que no te parece aceptable por parte de un hombre, algunos de ellos desaparecen. En realidad, muchas veces es mejor. Igualmente, ¿de qué te serviría estar con un hombre que no te respeta? Cuando un hombre te respeta, si hace algo que te molesta se disculpa porque no quiere hacerte sentir mal, al igual que harías tú si ha sido un error por tu parte o un malentendido. Si no lo hace, ya tienes una información interesante de qué puedes esperar de él si sigues viéndolo. Y si no te respeta desde un principio y tú no le pones límites cuando hace cosas inadecuadas, «aprenderá» que puede hacerlo y que puede sobrepasar esos límites contigo cuando quiera, porque tú, para no perderlo, se lo vas a consentir, y esa situación a la larga no te va a hacer feliz. Además, al final, el hecho de que él vea que tú no te respetas lo suficiente, hará que pierda atractivo por ti, porque un hombre no puede llegar a querer a una mujer a la que no pueda respetar.

Y quiero que quede claro que estoy hablando de comportamientos inadecuados o irrespetuosos que te hagan sentir mal, y diferenciarlos de algo que él pueda hacer sin ninguna mala intención. Sea como sea, si algo te hace sentir mal, siempre te recomiendo que lo hables de la mejor manera posible, sin atacar y sin etiquetar, pero decirlo para que él lo sepa y pueda rectificarlo. En muchos casos nos formamos una interpretación sobre las situaciones cuando resulta que la intención de la otra persona no era esa para nada. Hay que dar el beneficio de la duda. Si es un hombre que te valora y ha hecho algo sin intención de molestarte, se disculpará. Si no es así, al menos sabrás si quieres seguir aceptando comportamientos de esa clase o quieres a alguien que te trate con más respeto.

Error 3
No entender que somos diferentes

«No son nuestras diferencias las que nos dividen, sino nuestra incapacidad para reconocer, aceptar y celebrar esas diferencias».
Audre Lorde

No es mi intención entrar en polémicas sobre las ideas de igualdad entre hombres y mujeres.

Desde luego, apoyo la igualdad de derechos y oportunidades entre hombres y mujeres, siempre desde un respeto mutuo, independientemente de cuál sea su tendencia sexual.

Sin embargo, no podemos pensar que hombres y mujeres somos iguales ni pretender que nos comportemos igual; al menos en mi humilde opinión y basándome en los estudios que ha realizado gente que sabía mucho más que yo, en los que ha quedado probado que desde el punto de vista biológico no somos iguales, no tenemos cerebros iguales, no pensamos igual, no tomamos decisiones de la misma manera, no reaccionamos igual ante estímulos como el estrés y ni siquiera necesitamos consumir las mismas calorías o dormir las mismas horas.

Tampoco procesamos igual las emociones, ni nos comunicamos igual, ni expresamos el amor de la misma manera en rasgos generales. No podemos obviar nuestras diferencias, y negarlo no nos ayuda a conocernos mejor y a poder comprendernos, que en mi opinión es de lo que se trata, en lugar de una guerra de sexos o de una competición.

Sinceramente pienso que la clave en todo tipo de relaciones, incluidas las relaciones con nuestros hijos y laborales y muy en especial en las relaciones de pareja, está en la comprensión. En entendernos a nosotros mismos para después poder entendernos unos a otros. En aceptarnos a nosotros mismos tal y como somos para después poder aceptar a los demás, poder aceptar nuestras diferencias y transformarlas en una ventaja al poder complementarnos. Hombres y mujeres tenemos capacidades diferentes, y eso no es un problema. Creo que nosotras podríamos aprender mucho de los hombres y ellos de nosotras. En mi opinión, la naturaleza es muy sabia y funciona con un equilibrio perfecto; por ello nos hizo diferentes y a la vez extraordinariamente complementarios.

Por todo ello, no podemos pretender que, por ejemplo, nuestra pareja o nuestro marido nos escuche y nos entienda como nuestra mejor amiga, porque simplemente no es una mujer y no puede hacerlo. Nosotras hablamos por el gusto de hablar, para conectar y para comunicarnos, y así nos desahogamos. Si tú le cuentas un problema a tu pareja, él siempre va a intentar solucionártelo porque esa es su forma de ser. Un hombre, cuando habla de algo es para solucionar cosas; tiene que tener un objetivo, de otra manera no tiene sentido para él, así que tú terminarás frustrada porque él intentará decirte lo que tienes que hacer y tú sentirás que él no te entiende porque solo querías desahogarte. Él, por supuesto, no entenderá porqué te enfadas si está intentando ayudarte. ¿Te suena? Y ten en cuenta que tu hijo, si es hombre, cuando tenga la edad suficiente también hará lo mismo, así que tienes que ser consciente de que no lo hacen para molestarte ni para criticarte, sino para ayudarte. Es su naturaleza protectora y quieren evitarte cualquier cosa que te quite felicidad.

Si solo quieres desahogarte, pregúntale si puedes compartirle algo y que no necesitas que te dé una solución, que solo necesitas que te escuche unos minutos porque te hace mucho bien que él lo haga. Y después procura que no sea demasiado largo, porque mantener la atención durante mucho tiempo seguido solo escuchando tampoco les resulta fácil.

Ten en cuenta que ellos solucionan sus problemas o enfrentan el estrés solos y aislándose, o distrayéndose con algo que no tenga nada que ver con el problema, así que permítele tener esos desahogos y esos momentos de soledad para que pueda hacerlo y pueda procesar lo que le pasa o lo que tiene que solucionar sin presionarlo, preguntándole continuamente qué le pasa o por qué está tan raro.

Otro conflicto habitual es cuando nosotras pretendemos que nuestra pareja nos «adivine» lo que sentimos o lo que nos pasa, y decimos cosas como «él debería saberlo». Créeme, a él le gustaría saberlo, pero no tiene ni idea, así que si quieres algo es mejor que seas clara y se lo digas. No en tono de queja ni de orden; simplemente dile cómo te sientes o qué podría hacer él para que te sintieras mejor.

A los hombres les gusta hacer cosas con nosotras y por nosotras; es así como se sienten más conectados y como sienten que nos hacen felices. Ir a pasear, ir a correr, ir al gimnasio, ir al cine juntos, etc. Nosotras somos más de quedar para hablar por el gusto de conectar. Ellos disfrutan compartiendo una actividad.

Ten en cuenta también que nosotras somos más de demostrar las cosas de palabra, pero ellos normalmente demuestran su amor haciendo cosas por nosotras o para nosotras, así que tenlo muy en cuenta. Puede que te haya pasado alguna vez algo como que le has pedido a tu pareja que arregle algo muchas veces, y un día discutís y resulta que él lo arregla. Pues aunque no lo creas es su forma de demostrarte que te quiere, aunque no te lo diga en palabras. Lo hace para que te sientas mejor, por hacer algo por ti que tú querías. Así que asegúrate de valorarlo y no responder algo así como «pues ya era hora, te lo pedí hace seis meses», en lugar de un «muchas gracias, me hacía mucha ilusión verlo arreglado».

Si pasamos ese tipo de cosas por alto, tú terminas frustrada al pensar que no te quiere porque no te lo dice, y él termina frustrado porque dice: «Ya no sé qué más hacer para hacerla feliz»; y al final, lógicamente, hacen cada vez menos o nada porque ven que nunca funciona y que hagan lo que hagan, sienten que nunca es suficiente.

Y no hay nada peor para un hombre que sentir que no puede hacerte feliz, ya que es su principal objetivo, proveer felicidad y recursos a su familia. Puede que no sea consciente de ello, pero a nivel subconsciente está diseñado para ello.

No se trata de intentar cambiaros el uno al otro, sino de entenderos y respetar vuestras diferencias.

Cuando llegas a ese entendimiento todo es mucho más fácil y todo fluye de forma mucho más natural. Cada uno intenta respetar la naturaleza del otro y darle lo que necesita, y es mucho más enriquecedor y placentero.

Cada uno, alineado con su esencia natural masculina y femenina, puede comportarse como tal sin tener que pretender que un hombre se transforme en una mujer para entenderte mejor ni una mujer tome el lugar del hombre o se comporte como uno más de sus amigos, porque con ello estaría destruyendo la atracción entre ambos sin darse cuenta.

Cuando nosotras nos conectamos con nuestra esencia femenina natural y permitimos que ellos se conecten a la masculina, siempre que estas sean las energías en las que nos sentimos más cómodos, todo funciona mejor, nosotras nos sentimos más valoradas, ellos se sienten más respetados y la pareja entonces se equilibra y se complementa de forma natural, al igual que hacen todas las especies en la naturaleza.

Cuando nosotras nos alineamos con nuestra esencia femenina, que es naturalmente más receptiva, y dejamos que él haga cosas por nosotras, permitiéndole conectarse con su energía masculina naturalmente proveedora —y además se lo agradecemos—, nosotras nos sentimos más seguras y ellos sienten que los respetas como hombres y valoras lo que hacen por ti, por lo que tienen más ganas de hacerlo.

¿Suena difícil? Pues créeme, no más que pasarse la vida intentando cambiar a tu pareja. Porque además, ten en cuenta que lo peor de querer cambiar a alguien es que se da cuenta, y el mensaje que le llega es que no es adecuado o no es suficiente, y a nadie nos gusta sentirnos así. A todos nos gusta que nos acepten tal como somos, y eso es lo que deberíamos hacer con nuestras parejas, aceptarlos tal y como son y que ellos hagan lo mismo con nosotras.

Una de las cosas más importantes que tenemos que entender sobre los hombres es que, si bien nosotras como mujeres necesitamos sobre todo sentirnos amadas, valoradas y seguras con un hombre, él como hombre lo que más necesita, antes incluso que sentirse amado, es sentirse respetado.

Sentirse profundamente respetado en todas las áreas de su vida, en su forma de ser, en su forma de pensar, en sus sueños, sus *hobbies*, sus amigos, su familia y todo su mundo. Necesita ser respetado y aceptado tal y como es. Y lo cierto es que muchas mujeres entran en una relación con un hombre con la expectativa de cambiarlo o «pulirle» las cositas que no le gustan de él. Que se cambie el peinado, que cambie su forma de vestir, que deje de ver a sus amigos, que deje un *hobby* para pasar más tiempo juntos, que cambie sus hábitos alimenticios, etc.

Y sí, es cierto que es positivo que cada persona dentro de la relación se deje influenciar de forma positiva en ciertas cosas y que encuentre tiempo para compartir y construir la relación, pero tiene que ser de forma voluntaria, no impuesta.

Otra gran causa de problemas en la pareja es el hecho de que los hombres necesitan más que nosotras tener su espacio para relajarse, para procesar sus problemas, para gestionar el estrés laboral o emocional e incluso para restaurar sus niveles de testosterona haciendo «cosas de hombres» como pasar tiempo con sus amigos, hacer ejercicio físico o llevar a cabo un proyecto.

Dado que las mujeres solucionamos los problemas hablando, pero ellos suelen hacerlo solos o haciendo algo que les distraiga, cuando un hombre se toma su tiempo nosotras tenemos la tendencia a querer hablar sobre lo que le pasa, y en ese momento él se siente presionado y se aísla más, con lo cual el problema se hace más grande para los dos, ya que nosotras sentimos que no le importamos y él se siente cada vez más agobiado.

Lo mismo pasa cuando ellos quieren pasar tiempo con sus amigos, por ejemplo, algo que es muy importante para ellos, al igual que lo es para nosotras reunirnos con nuestras amigas. Es una necesidad que tenemos aunque sea a nivel subconsciente, porque ya en las cavernas las mujeres nos quedábamos juntas cuidando a los niños y haciendo cosas en común, hablando; por ello es tan sanador el tomar un café con una amiga o una salida de chicas, porque necesitamos ese tipo de conexión. A ellos les pasa lo mismo: los hombres ya en las cavernas salían a cazar juntos y pasaban muchas horas así, aunque fueran muchas de ellas en silencio para no ser descubiertos por algún animal peligroso. Por eso, ellos también sienten esa necesidad de estar juntos, aunque no sea necesariamente para hablar de cómo se sienten.

Expresar emociones, de entrada, para un hombre no es tan natural como para nosotras, ya que se les ha educado desde pequeños a reprimir casi todas sus emociones, porque es lo que hacen «los hombres de verdad». Así que tendrás que hacer un ejercicio de paciencia si tu hombre no está habituado a ello, y darle tiempo para que poco a poco vaya conectando con ellas. Ponte en su lugar e imagínate que a ti no te hubieran dejado nunca expresar libremente lo que sientes y de repente, ya como adulta, alguien te presionase para que continuamente le dijeras cómo te sientes. Seguramente también necesitarías un tiempo para ir re-aprendiendo a conectarte con tu mundo emocional.

Es cierto que, cada vez más, los hombres están aprendiendo a conectar con su parte emocional. Pero recuerda siempre que no será lo mismo que otra mujer, y creo que es bueno que sea así. Después de todo, lo que más necesitamos las mujeres de los hombres es seguridad, y si él fuera emocionalmente cambiante como lo somos nosotras, ¿qué seguridad podría darte? Gracias a esa conexión más mental que tienen pueden darnos seguridad, porque aun en momentos difíciles no se dejan llevar por sus emociones, y por ello son capaces de mantenerse estables, tomar decisiones más mentales, rápidas, y ser ese hombre protector que nos contiene en los momentos en los que nosotras nos sentimos más vulnerables.

Por supuesto, también ayudaría a la comprensión entre ambos el que los hombres entendieran que nosotras somos más emocionales y que, aunque a veces nos quejemos de algo para desahogarnos, no quiere decir que no seamos felices con ellos y tampoco quiere decir que haya ningún problema en la relación. A veces es solo un sentimiento pasajero. Y en casi todos los casos, un abrazo y alguna palabra cariñosa es lo único que necesitamos.

Para todos estos desencuentros, es imprescindible que haya una comunicación clara y positiva, valorar siempre lo que nos gusta de nuestra pareja, lo que hace por nosotras, y cuando algo no nos hace sentir bien, comunicárselo desde cómo nos sentimos nosotras y no desde culparlo o desde la queja.

Pedir las cosas con amor y no desde la exigencia, comunicar claramente lo que nos hace felices y asumir siempre que su intención nunca es de molestarnos o hacernos daño.

Estas son solo algunas de las diferencias que hay entre hombres y mujeres, aunque no todas, ya que son muchas y para ello hay libros que hablan específicamente sobre el tema.

Ten en cuenta que casi todos los problemas que tenemos en pareja son porque en lugar de conectarnos con nosotros mismos, nos enfocamos en la otra persona y en muchos casos en querer cambiarla, o al menos en querer cambiar sus comportamientos para satisfacer nuestras necesidades; así que solamente con enfocarte en ti, en cambiar tú, en mejorar tú, en ser más feliz tú y en ser tu mejor versión, ya estarás mejorando la relación.

También ayuda tener curiosidad por saber qué le hace feliz a tu pareja y no pensar solo en cómo puede satisfacerte él a ti. Se trata de dar y compartir y no solo de recibir, aunque tiene que haber un sano equilibrio, por supuesto.

A veces, tal y como explica Esther Perel, una de las mejores expertas sobre relaciones en el mundo, también es necesario tomar un poco de distancia en la pareja. Algo que parece la peor opción si las cosas van mal, es normalmente la mejor opción, ya que como ella explica, en la distancia se produce el deseo. Y el deseo no puede surgir si estás siempre ahí. Esther Perel habla del equilibrio entre el amor y el deseo. El amor sería en presencia de tu pareja y el deseo se crea únicamente cuando ambos estáis separados físicamente.

Lo cierto es que las mujeres nos enamoramos de los hombres en su presencia y los hombres se enamoran de nosotras en nuestra ausencia, que es cuando se dan cuenta que te echan de menos y que querrían tenerte allí con ellos. Y eso solo lo pueden experimentar si no estás siempre ahí. Lógicamente; si no hay ese contraste, no pueden sentirlo.

No se trata nunca de estrategias ni de manipulaciones, sino de hacer sin él cosas que te llenen y que te apasionen, y volver después para compartirlo con él. Es totalmente sano para las dos personas en una relación tener espacios personales. Es importante que animes a tu pareja a que haga cosas él solo o con sus amigos, y tomaros ese tiempo vosotras para hacer algo también, y al encontraros nuevamente los dos tendréis algo nuevo que contaros y los dos estaréis deseando veros otra vez con energía y entusiasmo renovado.

Una de las cosas que más impide que un hombre se comprometa en una relación es su miedo a perder su libertad, así que si siente que puede tenerla aun estando en una contigo, los dos seréis más felices.

En una relación sana los dos tienen que tener espacio para sus amigos, para *hobbies* y hacer cosas que impliquen seguir vuestros sueños. Esto no quiere decir que hay que dejar el tema de la pareja como última opción, nada de eso, pero sí tener la libertad ambos de desarrollarse como personas independientes fuera de la pareja, para después aportarlo a la relación y que cada uno se sienta más satisfecho personalmente.

También merece la pena tomarse un tiempo para reflexionar sobre lo que nos hace felices fuera de la relación a nosotras, y entender qué hace feliz a nuestra pareja para permitirle e incluso animarle a realizarlo.

Se trata, pues, no de intentar cambiar a nuestras parejas, sino de que cada uno pueda ser auténtico dentro de la relación sin sentirse juzgado; tampoco de restringir la libertad del otro, sino que cada uno pueda crecer a nivel personal dentro de ella, entender qué necesitamos nosotras para ser felices y qué necesita nuestra pareja para ser feliz también.

La gente suele hablar de las diferencias como si fuera un problema, y es cierto que en muchos casos pueden serlo; pero en la mayoría de ellos con solo un cambio de perspectiva y de actitud, todo cambiaría. Si en lugar de ver las diferencias como un problema se vieran como una bendición y una oportunidad de complementación y de acceder a un mundo que de otra manera no se podría conocer, creo que todo sería mucho más positivo y enriquecedor.

Error 4
No dejarlo ser un hombre

«Reconciliarse con la energía femenina es el camino a casa de toda mujer».

Hoy en día las mujeres no somos como las de antes y no llevamos el mismo estilo de vida que nuestras madres o nuestras abuelas. En algunos casos nuestras madres ya trabajaban, pero otras no, y sobre todo muchas de nuestras abuelas se dedicaban exclusivamente al cuidado de la familia y de la casa. Es una labor admirable incluso hoy en día. Respeto profundamente a las mujeres que lo hacen, y yo misma, en muchos momentos de mi vida, he decidido hacerlo para poder atender a mis hijos. No obstante, la mayoría de nosotras hemos tenido que compaginar la mayor parte del tiempo trabajo, familia, casa, etc.

Muchas mujeres incluso deciden enfocarse en desarrollar sus carreras profesionales y optan por no tener hijos. Me parece totalmente respetable. Creo que lo más importante es estar en coherencia con lo que queremos y cuáles son nuestras prioridades, independientemente de lo que los demás o la sociedad espere de nosotras.

Es cierto que socialmente parece que seguimos en cierta manera presionadas por casarnos, tener hijos y demás, pero en mi opinión solo hay un momento adecuado para eso, y es cuando se trata de una decisión propia y no el resultado de la presión social o familiar.

El problema viene cuando las mujeres que perseguimos éxitos profesionales o las que estamos separadas o divorciadas con hijos, por ejemplo, estamos demasiado acostumbradas a tener que hacer todo por nosotras mismas y tenemos que liderar, organizar, decidir, «luchar» por nuestros objetivos. ¿Y qué puede tener de malo todo esto? Que para conseguirlo usamos nuestra energía masculina. Estamos todo el día «enchufadas a nuestra energía masculina», olvidándonos de nuestra energía natural y nuestra esencia femenina.

Verás, tanto hombres como mujeres tenemos energía masculina y femenina, y el sano equilibrio es poder armonizar ambas y conectarnos conscientemente con la que queramos en cada momento, aunque siempre una de las dos es la predominante en nosotras. Te explico el porqué.

Los hombres, o al menos los que lideran su vida con su energía masculina principalmente (también se da en mujeres) son proveedores y «cazadores» por naturaleza. Ellos se pasan la vida persiguiendo objetivos, éxito y bienes materiales, en parte porque esa es su naturaleza y en parte porque es su forma de sentirse merecedores de una mujer que los admire y de ser elegidos por ella.

¿Qué pasa si nosotras hacemos lo mismo, como estamos haciendo hoy en día? Nosotras también vamos a trabajar, tenemos nuestros objetivos, queremos éxito, ser autosuficientes e independientes y conseguir bienes materiales. Y es genial en el ámbito laboral. El problema viene en el ámbito de las relaciones...

Un hombre liderando con su energía masculina, y una mujer liderando con su energía masculina... ¿Qué pasa cuando dos polos son de la misma carga como en los imanes? Se repelen. Es una cuestión de energía y de polaridad. No es que a los hombres no les gusten las mujeres exitosas ni que se sientan intimidados por tus logros o que seas inteligente. Simplemente no pueden sentirse atraídos por ti si estás conectada a la energía masculina igual que ellos, ya que la mayoría de los hombres masculinos se sienten atraídos naturalmente por las mujeres femeninas (por una cuestión de polaridad, como hemos dicho).

Y sí, es cierto que también hay hombres que lideran más con su energía femenina y también está genial, si es con la que más cómodo se siente. Y sí, hay mujeres que se sienten más cómodas en su energía masculina, siendo ellas las líderes en la relación, las que toman las decisiones e incluso las que conquistan, pero entonces tendrán que saber que no podrán ser compatibles con un hombre masculino, sino con un hombre que se sienta más cómodo en su energía femenina y que esté dispuesto a que ella lidere. No tiene nada de malo, hay muchos tipos de relaciones, tanto heterosexuales como homosexuales, pero si te fijas siempre tienen que existir esas dos polaridades, independientemente de quién las represente. Por lo tanto, se trata básicamente de ser conscientes de cómo influye la energía y esas polaridades, y decidir cómo nos queremos sentir, cuál es la más predominante en nosotras y a qué clase de persona queremos atraer en cuestión de relaciones.

Verás, en general a las mujeres femeninas nos gustan los hombres masculinos que tienen iniciativa, que son los que conquistan, que toman decisiones, que tienen ese instinto de proveer, de protegernos... No es que a día de hoy nos haga falta, porque somos independientes en general, pero dado que nuestra mayor necesidad con un hombre es sentirnos seguras, es algo que nos da esa sensación de seguridad y de estar protegidas. Si queremos atraer e inspirar a un hombre que esté conectado con su energía masculina y se comporte así con nosotras, nosotras tenemos que aprender a conectarnos nuevamente con nuestra esencia y nuestra energía femenina, ya que de otra manera solo conseguiremos repelerlo.

La energía masculina se trata de hacer... Hacer que pasen cosas, ir a por objetivos, organizar, decidir, liderar, dar, etc., y es lo que normalmente tendríamos que dejar que hicieran los hombres si es que queremos a un hombre masculino. Él necesita hacer todas esas cosas para sentirse «hombre», es su esencia, es su naturaleza, hacer cosas por ti, protegerte, acompañarte a casa, estar pendiente de si tienes frío, de si puede ayudarte a solucionar un problema. Todos esos gestos que tienen los hombres cuando se preocupan por nosotras y cuando se sienten atraídos...

La energía femenina es receptiva y se trata de «ser», ser esos seres emocionales que somos, llenas de pasión, conectarnos con el jugar, flirtear, sentir, expresarnos, ser espontáneas, agradecer, recibir, valorar los gestos que tiene un hombre contigo, sonreír, reír, llorar, dejar que nos cuiden, que nos mimen...

Y sí, es cierto que muchas mujeres sienten que eso es posicionarse como «sexo débil», pero nada más lejos de la realidad. Nuestra esencia, nuestra energía femenina, es sumamente poderosa... Somos compasivas, amorosas, conciliadoras, es una energía creadora, que da vida, sanadora, transformadora tanto para nosotras como para todo el que nos rodea. Ese amor y esa compasión que es tan natural para la esencia femenina. Y esa es nuestra esencia natural y eso es precisamente lo que a los hombres les encanta. Esa sensación de paz, de ausencia de seriedad, esa sensibilidad y esa belleza que nosotras vemos y sentimos a través de todos nuestros sentidos y nuestras emociones, y que es un mundo al que el hombre solo puede acceder a través de ti en la mayoría de los casos.

Para ellos, al menos para los hombres masculinos (energéticamente hablando, por supuesto) esa energía es como llegar a un oasis después de haber caminado durante días por el desierto... Es algo que les fascina y les relaja de su «perseguir sus metas y sus logros todos los días», de esa presión que tienen los hombres de tener que cumplir con su rol de hombre, de proveedor, de «comportarse como un hombre», de tener que estar siempre como demostrando algo, su éxito, su valía... Y es realmente satisfactorio para la mayoría de nosotras el poder volver a conectarnos con nuestra esencia natural y nuestra energía femenina, y sentir que un hombre es el que toma la iniciativa y hace el esfuerzo de conquistarnos, ya que así nos sentimos más valoradas y también más seguras. Es como volver a casa, volver a ser nosotras, sentirnos libres de ser mujeres nuevamente.

¿Y cómo podemos conectarnos con nuestra energía femenina después de tener que estar todo el día trabajando, persiguiendo nuestras metas o teniendo que sacar adelante a nuestros hijos, en algunos casos solas? Pues lo primero, conectándote con tu feminidad, con lo que te hace sentirte mujer y femenina... Y después, crear energéticamente el espacio para poder recibir a la energía masculina del hombre. Puedes cerrar los ojos, hacer unas respiraciones profundas, conectarte con tu cuerpo, poner la intención en conectarte con tu esencia y tu energía femenina y crear visualmente un espacio para recibir la energía masculina del hombre que te interese o simplemente estar abierta a recibir la energía masculina de un hombre.

Puedes sentirte más femenina y conectarte con tu esencia haciendo cualquier cosa que sea: cuidarte, mimarte, arreglarte, darte un baño de espuma o sales, ponerte música y bailar, dejando que tu cuerpo se mueva libremente, cantando, poniéndote ropa fluida o femenina, hablando más despacio, andando más despacio, fijándote en toda la belleza que te rodea, los colores, las texturas, tocar las cosas lentamente, tocar tu cuerpo, tu pelo, etc.

Puedes conectarte a tu energía femenina cuando tú quieras, e incluso usarla en tu trabajo, aun cuando trabajes con hombres. Pruébalo y verás el cambio de actitud en ellos. Conéctate de forma consciente a tu esencia femenina para ir por la calle y verás el cambio en los hombres a tu alrededor... Se ofrecerán a ayudarte, a abrirte una puerta, te mirarán más... No sabrán por qué, pero sí pueden percibir tu energía y tu «apertura» a su energía masculina y se acercarán mucho más fácilmente a ti.

Así que no es cuestión de dejar de ir a por tus objetivos y tu carrera profesional; es simplemente conectarte a tu esencia femenina cuando estés con un hombre de forma consciente, para permitir que él también pueda conectarse con su energía masculina. Deja que él haga cosas por ti y agradéceselo sinceramente.

Verás, en muchas parejas el problema es que al hombre no se le deja ser «el hombre», se le ha «desprestigiado» y no se le deja tomar decisiones ni hacer ciertas cosas porque la mujer ha tomado «el mando» y es la que toma las decisiones. Esto es muy destructivo, tanto para el hombre, porque no se le deja hacer su papel de hombre, como para la pareja, ya que al tomar el liderazgo la mujer, esta lidera con la energía masculina y entonces el hombre pierde su atracción natural por ella.

Al final, como en muchas otras cosas de la vida, se trata de volver a nuestra naturaleza y a nuestra esencia, con la que nos identificamos y con la que nos sentimos cómodos, sea la que sea y se represente el rol que se represente. Se trata pues de que tanto mujeres como hombres puedan elegir libremente cómo quieren ser y con quién quieren estar, ya sea del mismo sexo o no.

Tenemos que entender que seguimos funcionando a nivel biológico como hace miles de años y nuestro cerebro también, así que no sirve de nada ir en contra de nuestra naturaleza, porque al no ser coherente con nosotros nos frustra y nos agota, que es lo que nos pasa en especial a las mujeres... Estamos agotadas de funcionar con nuestra energía masculina, y necesitamos poder conectarnos a nuestra esencia y energía femenina, porque es nuestro estado natural y es como volver a casa. Lo mismo les sucede a los hombres con el hecho de no poder desarrollar su energía masculina y ser la clase de hombre que quiere ser, y sentirse respetado por ello.

En muchas ocasiones no se le deja liderar a él y conectarse con su energía masculina, y se siente igualmente frustrado y desmotivado aunque no sepa conscientemente el porqué. El hombre sigue sintiendo la necesidad de sentirse el protector, el proveedor y de sentirse hombre, igual que cuando vivíamos en las cuevas y él salía a cazar y era el que protegía a toda la familia en la cueva de posibles peligros y depredadores. El hombre se siente también más satisfecho cuando se le deja hacer su papel, y desde luego se siente mucho más inspirado cuando una mujer le deja ese espacio para liderar él y sentirse hombre, conquistador, y sentir que ha conseguido lo que sea, incluido conquistarte a ti, en lugar de sentir que tú lo quieres conquistar a él. Puede que no lo sepa de forma consciente, pero sí observa el cambio de comportamiento cuando tú creas ese espacio, bien inspirándole a que proponga él algún plano, dándole el espacio que necesita, etc., y observa cómo cambia y toma la iniciativa. Si no lo hace es porque o bien es un hombre que se siente más cómodo en su energía femenina, o bien no le interesas lo suficiente como para esforzarse. Si es así, es cuestión de que crees el espacio para otro hombre que esté más dispuesto a liderar con su energía masculina, si es lo que te gusta, y así tú puedas conectarte con tu energía femenina.

Verás, en mi opinión los hombres son mucho más generosos de lo que les reconocemos, si se les da la oportunidad. La mayoría de ellos hacen todo lo que hacen para ganarse el respeto de una mujer y poder tener la posición social y los bienes materiales necesarios para poder proveer el día de mañana para su mujer y sus hijos, y darles la mejor vida que puedan.

Además, su instinto protector y su instinto de atenciones para con una mujer, si se les permite desarrollarlos y no se les desprecia, son encantadores... Preocuparse de si la temperatura está bien, dejarte su chaqueta si tienes frío, acompañarte a casa para que no te pase nada e incluso andar al mismo paso que tú aunque sea mucho más lento que su ritmo normal. ¿Sabes que este gesto, por ejemplo, no lo hacen de forma consciente e indica que le gustas? ¿No te parece encantador? Sin mencionar a los hombres que son capaces de recorrer cientos o miles de kilómetros para ver a una mujer, los detalles que le compran, las invitaciones a cenar, a viajes, etc.

Creo que nosotras nos merecemos respeto, pero la mayoría de los hombres también se merecen mucho más respeto del que reciben, y se merecen un mayor reconocimiento por todo lo que hacen o intentan hacer por nosotras. Ese es un buen principio para tener una relación sana y compenetrada. Los hombres no son el enemigo ni la competencia, y menos aún si son nuestra pareja.

Creo que socialmente las cosas entre hombres y mujeres tienen que cambiar, pero no a través del enfrentamiento ni de la competencia entre sexos, sino a través de la comprensión y el respeto entre hombres y mujeres. Respetando y honrando nuestra esencia femenina y haciendo lo mismo con la esencia masculina. Que cada mujer sea como decida ser (más o menos femenina) y lo mismo en el caso de los hombres, que tienen en mi opinión el mismo derecho a ser respetados si son más masculinos o más femeninos. Siendo conscientes de nuestra esencia y de cómo nos sentimos más identificados y de la clase de persona que queremos atraer, podemos tener la libertad de elegir y de sentirnos más coherentes con nosotros mismos y ser todos más auténticos.

Error 5
No comunicarte de forma adecuada

«Lo importante es saber cuándo hablar y cuándo quedarse callado».
Séneca

Creo que todos hemos sufrido las consecuencias de haber cometido este error en alguna relación y nos hemos tenido que arrepentir de lo que hemos dicho, y también del tono en el que lo hemos dicho, que a veces incrementa el daño que las palabras puedan ocasionar.

Quizás las palabras parezcan inofensivas, pero pueden ser extremadamente dolorosas en muchos casos, sobre todo si vienen de alguien a quien apreciamos o amamos.

Lo más importante, en mi opinión, es eliminar radicalmente de nuestro vocabulario cualquier insulto, etiqueta o palabra irrespetuosa. Conviene aplicar aquí el «no le digas a nadie lo que no te gustaría que te dijeran a ti». También conviene controlar el tono de voz que usamos. Y debemos empezar por cómo nos hablamos a nosotros mismos, ya que a veces somos «la persona que peor nos habla en el mundo».

El segundo gran paso es eliminar las quejas. Este es un punto muy importante y también muy difícil de cumplir. A veces ni siquiera nos damos cuenta. Estamos tan acostumbrados a quejarnos y a que sea algo que está normalizado que nos cuesta contenernos, y a veces en las relaciones entramos en la dinámica de la queja y de buscar los fallos.

Obviamos todo lo positivo que hace nuestra pareja y solo nos enfocamos en lo negativo, en lo que no nos gusta, en lo que no hace bien a nuestro parecer o en lo que no hace y querríamos que hiciera.

Una vez que estás enfocada únicamente en lo negativo de tu pareja, ya no habrá forma de que él pueda «defenderse» o que pueda ser valorado por lo que hace bien, ya que haga lo que haga, parecerá que nunca es suficiente para «arreglar» lo que hace mal, y siempre encontrarás algo que criticar o por lo que quejarte, y será agotador para él y totalmente frustrante para ti.

Así que si has entrado en esa dinámica, detenla ahora mismo. Comprométete a dejar de quejarte y empieza a trabajar en ello. No va a ser fácil; al igual que cualquier otro hábito, va a llevar un tiempo modificarlo. Como mínimo de tres semanas a un mes. Pero el esfuerzo merecerá la pena para ambos.

Empieza por las cosas pequeñas, como pasar por alto las pequeñas cosas que te molestan y repite mentalmente que «no pasa nada». Y poco a poco intenta no quejarte por cosas más «grandes» o que te molestan más.

Eso no quiere decir que tengas que permitir que alguien tenga malos comportamientos contigo o dejar que te falten al respeto. Me refiero a cosas como que tu pareja deje cosas desordenadas o que no limpie como a ti te gusta, o que en un momento dado no se acuerde de algo que le has encargado.

Ahora vamos a ver de qué manera mucho más constructiva vas a poder tratar de comunicar esas cosas que son importantes para ti.

Pero antes te invito a que cojas bolígrafo y papel y hagas una lista de las cosas de tu pareja que te gustan desde que lo conoces, qué fue lo que te enamoró de él, qué detalles solía tener contigo, qué cualidades admirabas en él y todo lo que sigue haciendo a día de hoy y que a lo mejor no has valorado lo suficiente. Cuanto más detalle de todo, mejor. Tómate tu tiempo y deja que tu memoria te traiga todas esas cosas que quizás ya habías olvidado.

Verás, muchas veces solo valoramos las cosas cuando las perdemos, y sería una pena que eso te pasase a ti. Así que si aún estás con él, estás a tiempo de revertir las cosas y de arreglar tu relación o tu matrimonio. Valora todas esas cosas que el tiempo y la rutina han ido haciendo que olvidases y reconoce todo lo que hay en tu pareja por lo que sentirte agradecida. Empezando por tenerlo a tu lado y por el hecho de que seguramente él se esté esforzando por hacer las cosas bien en muchos casos, aunque tú no lo estés viendo o valorando en este momento. Recuerda que los hombres son más de «hacer cosas» que de expresar sus sentimientos, así que es muy probable que él esté intentando hacer cosas por ti, aunque quizás no acierte con las que precisamente tú quieres (ya sabes que tampoco se les da muy bien adivinarnos como a nosotras nos gustaría), pero debes valorar que lo intente.

Cuando hayas terminado esa lista, te propongo que se la regales a él, y a partir de ahora decide enfocarte en todas las cosas que tu pareja hace bien, las que te gustan de él, y procura decírselo. Dale las gracias y aprecia sinceramente algún gesto que haya tenido contigo, algo que admires en él...

El siguiente paso es que si quieres que vuelva a hacer cosas que hacía antes y que te resultaban agradables, en el momento en el que no esté ocupado con otra cosa, cuando deis un paseo o cuando estéis tranquilos, le digas algo así como: «¿Sabes qué me gustaría que hiciéramos?». Y le recuerdas lo especial que fue para ti aquel viaje o lo feliz que te hacía que todas las noches dedicaseis un tiempo a hablar... Después le preguntas:

«¿Qué opinas tú?». Y deja que él exprese lo que quiera sin interrumpirle y sin juzgarle. Este modelo se puede usar prácticamente en cualquier situación. O también: «¿Sabes qué me haría mucha ilusión?» O: «¿Sabes que me haría muy feliz?». Lo que sea que de verdad te haga feliz. Si suena divertido, mucho mejor, pero los hombres que de verdad te quieren y desean hacerte feliz son capaces de hacer cosas que no les gustan solo por verte sonreír.

También puedes evocar un bonito momento y motivarlo a que lo volváis a hacer, o hagáis más cosas juntos y reconectar el uno con el otro. Al evocar un bonito momento, estás reviviendo los sentimientos que los dos tuvisteis, y es más fácil que conectéis emocionalmente y que él tenga el deseo de hacer algo para que compartáis más momentos agradables.

Por supuesto, también puedes revivir un bonito momento sin pedir nada, solo para conectar con él y que sepa que aprecias tenerlo en tu vida y los bonitos momentos que creáis juntos.

Verás, a ellos les encanta hacernos reír y que pensemos que son divertidos. Curiosamente, las mujeres pensamos que a ellos les gustan las mujeres divertidas; y en cierta manera es verdad, pero en realidad lo que más les gusta es hacerte sonreír y que tú te rías de las tonterías que suelen hacer para conseguirlo. Eso es muy importante para ellos, y si después les puedes seguir las bromas y contestar algo al hilo de su broma, mucho mejor, claro.

Ten un poco de paciencia si estáis pasando por un mal momento, y no uses en exceso la fórmula de revivir momentos, al igual que todo lo demás, ya que en exceso pierde fuerza y parece sobreactuado.

Revisa si además de este error estás cometiendo algún otro, e intenta modificar tus comportamientos poco a poco a más positivos, para que podáis ir recuperando vuestra conexión y vuestra relación.

Si en este momento no tienes pareja, toma nota de todo, ya que estás en un momento perfecto para comenzar una relación creando una buena base de comunicación respetuosa y positiva.

El tema de la comunicación da para mucho, y es algo que no solo es imprescindible sino que todos debemos mejorar, ya que en la mayoría de los casos no hemos tenido patrones muy adecuados a la hora de comunicarnos de forma positiva. No es cuestión de culparnos por ello, ya que no podemos cambiar patrones de la noche a la mañana, pero sí debemos comprometernos a seguir mejorando y a hacer todo lo posible por utilizar las palabras sin hacer daño a los demás y sin hacerles sentir mal.

Si quieres saber más sobre el tema, hay muchos libros que puedes leer, y en concreto uno que me encanta por su sencillez y por su practicidad. Se trata de *Tocar con palabras*, de Enric Lladó.

El último punto fundamental que quiero tratar sobre la comunicación es tener conversaciones más profundas y buscar la conexión más allá de la comunicación, desde el sincero deseo de conocer a la otra persona.

Si es una conversación delicada con un hombre sobre vuestra relación, lo más importante es escoger el momento y evitar decir: «Tenemos que hablar», ya que eso les causa mucha ansiedad. No intentes hablar con tu pareja cuando está en modo «cueva» o si sabes que está estresado o que está intentando hacer algo para despejarse un poco. Lo ideal es esperar a que se acerque a ti y entonces decirle algo así como: «Cariño, me gustaría que hablásemos sobre tal y tal cosa. (Es mejor que especifiques el tema para que no se agobie). ¿Es este un buen momento?». Y si te dice que no, pregúntale cuándo le parecería bien y concreta un día y una hora si hace falta.

Es muy importante que evites expresiones del tipo «tú me haces sentir mal» o «me hace daño que tú...». Intenta decir cómo te sientes, sin culpabilizarlo. Empieza diciendo algo positivo como: «Cariño, sabes que te quiero, lo que pasa es que cuando... (lo que sea) ...me siento... (como sea). Sé que no es tu intención hacerme sentir así. ¿Qué opinas tú?».

Procura no hacer este tipo de preguntas nada más entrar por la puerta de casa, de regreso del trabajo, ya que en ese momento los hombres necesitan unos minutos para relajarse de la tensión del trabajo, y cuando haya podido desconectar un poco estará más receptivo para escucharte y para hablar.

También ayuda asumir que no es su intención hacerte sentir mal o molestarte, sino que solemos darle una interpretación personal a las cosas que no siempre concuerdan con la intención de la otra persona.

Conviene ir hablando de las cosas que nos preocupan o nos disgustan a medida que vayan ocurriendo, y evitar que se vayan cumulando, y por consiguiente también el resentimiento en la pareja.

No nos ayuda intentar ocultar que nos sentimos molestas y decir que no nos pasa nada. Esas cosas se notan a nivel de vibración y ellos pueden sentir perfectamente que algo nos está molestando o disgustando, y si decimos que no pasa nada esto produce una falta de confianza en nosotras. Así que aunque sea incómodo hablar de ciertos temas, es importante hablarlos. Eso sí, desde el deseo de entenderse, de conectar e intimar más a fondo y de conocerse mejor.

Una vez escuché una frase que decía que la calidad de tus relaciones dependía directamente de lo dispuesto que estuvieras a mantener conversaciones incómodas, y en mi opinión es así. De nada sirve que podáis hablar durante horas sobre cosas superficiales si no podéis hablar sobre temas profundos, conectar a nivel íntimo y mostraros de forma vulnerable.

No es bueno hablar en el momento en el que nos sentimos demasiado enfadadas, ya que podríamos decir algo de lo que nos arrepentiríamos más tarde o que podría hacer daño a nuestra pareja o a quien sea. En ese caso, a veces es mejor decir algo así como: «Me importas mucho y en este momento me siento muy enfadada como para hablar tranquilamente. Voy a salir a dar un paseo y luego hablamos». Salir a tomar el aire, a dar un paseo o a correr un rato hará que se pase ese momento de tensión y que se pueda hablar más tranquilamente después.

Una recomendación: no discutas con tu pareja en la dormitorio. Dejad que sea otro el lugar en el que se aclaren las cosas y que la habitación se destine al descanso y a otras actividades más placenteras.

En conclusión, llegar a este tipo de comunicación requiere práctica; es un aprendizaje más, hay que estar dispuesto a ser vulnerable, a no juzgar, a estar siempre abierto a la comprensión, a un punto de vista diferente al tuyo y a conocer a tu pareja de forma sincera y auténtica, pero si quieres una relación respetuosa, sana y emocionalmente íntima, es imprescindible. Por mucha atracción que haya entre vosotros, si no sois capaces de hablar y de intentar entenderos, va a ser muy complicado que podáis ser compatibles.

Ten en cuenta también que no somos perfectos y que todos cometemos errores, así que si alguna vez dices algo de lo que te arrepientes, sé compasiva contigo, discúlpate, perdónate y aplica la misma compasión si es tu pareja la que comete el error.

Error 6
No darle al sexo la importancia que tiene

«El amor es un sentimiento que se basa en tres pilares: la intimidad, la pasión y el compromiso».
Robert Stermberg

La verdad es que yo no conozco a ningún hombre que haya decidido dejar a su mujer porque ella siempre quisiera tener sexo, y él estuviera cansado de ello.

Seguramente conocerás a muchos más que se hayan separado de sus parejas o sus mujeres porque ellas nunca querían tener sexo y no lo habían tenido en meses o años...

Hay parejas que duermen en camas separadas e incluso en habitaciones separadas para no molestarse.

La falta de sexo en una pareja es un claro síntoma de enfermedad en la relación y hay que tomárselo muy en serio, ya que demuestra una desconexión y una distancia en la pareja muy peligrosa para el futuro de la relación.

Biológicamente y en general, los hombres tienen más necesidad de contacto sexual que las mujeres, ya que tienen niveles de testosterona muchísimo más elevados que nosotras y están «diseñados» para procrear, y también porque es una de las formas en las que los hombres se sienten más íntimamente conectados con sus parejas a todos los niveles. Pero no nos engañemos, no es un tema exclusivo de hombres. Es tan sano para los hombres como para las mujeres. No es cuestión de tener sexo para «contentarlo» a él, es algo natural y beneficioso a muchos niveles de salud para ambos. Y uno de los niveles de salud más importantes en los que influye tener sexo de forma habitual es el de la salud de la pareja. Y voy a puntualizar aquí que estoy hablando de sexo en el contexto de una relación ya establecida, porque en el caso de ser con alguien que acabas de conocer, por ejemplo, «funciona» de otra manera.

Verás, las mujeres normalmente cuando tenemos sexo con alguien es porque tenemos algún tipo de sentimiento asociado a esa persona. No voy a entrar aquí a juzgar el que las mujeres o los hombres decidan tener sexo sin más, o que decidan tener sexo el primer día que se conocen, cuando es bastante improbable que puedan haber desarrollado sentimientos el uno por el otro, ya que respeto que cada persona decida lo que quiere hacer con su vida y con su cuerpo. No estoy aquí para decirle a nadie lo que tiene que hacer o no, pero en general los hombres tienen más facilidad para tener sexo sin más; quiero decir, sin necesidad de tener ningún tipo de implicación emocional con una mujer. Así que si tienes sexo el primer día o antes de haber desarrollado una conexión emocional con él, es mucho más probable que el encuentro sexual para él sea únicamente eso, puramente sexual, y si bien a veces se puede ir desarrollando la conexión a otros niveles más emocionales, normalmente el hombre se queda «enganchado», por decirlo de alguna manera, en la conexión puramente sexual y la relación no suele evolucionar a una relación comprometida y estable. Esto no es una ciencia exacta, a veces ocurre, pero no es lo más habitual.

Por lo tanto, si estás buscando una relación estable con alguien, no es conveniente que tengáis sexo demasiado pronto, al menos no hasta que hayáis desarrollado primero una conexión emocional a otros niveles. Sé que esto puede crear polémica, pero incluso los mejores *coaches* del mundo (incluidos los que son hombres) recomiendan lo mismo. Si además es algo que te resulta coherente acorde a tu forma de ser, mucho mejor, porque no es bueno que lo hagas a modo de estrategia o manipulación.

Verás, estadísticamente, antes de las redes sociales, la mayoría de las parejas estables se conocían en el trabajo o en su círculo de amistades; a día de hoy también, por supuesto, y normalmente suele haber un tiempo en el que hablan, después en algunos casos empiezan a quedar en grupo o solos, y finalmente, en algún momento, tienen relaciones sexuales y se comprometen como pareja estable.

Una vez escuché en una charla TED a una mujer que decía que el mejor consejo sobre los hombres se lo había dado su abuela. Decía que su abuela le comentó que el problema que tienen hoy en día las mujeres es que se acuestan demasiado pronto con los hombres, y que entonces ellos no se pueden enamorar de ellas o no lo están en el momento de tenerlo, y se va a conquistar a otra. La abuela sostenía la teoría de que el momento de tener sexo con un hombre era cuando él ya estaba enamorado, te lo decía y era él el quien te pedía tener una relación con él. Y personalmente creo que no le faltaba razón, ya que para entonces el hombre no solo ha tenido tiempo de establecer una conexión emocional contigo, sino que también ha invertido tiempo y muchas veces esfuerzo y dinero para verte, llevarte a sitios, hacerte regalos, etc., y los hombres valoran más las cosas por las que se esfuerzan, incluidas las mujeres.

Sé que puede ser muy frustrante saber que si un hombre tiene sexo contigo en la primera o la segunda cita, por ejemplo, suele significar solamente eso, sexo. Nosotras, por el contrario, desarrollamos una conexión con él, sobre todo debido a la oxitocina que se genera en el encuentro íntimo, pero saberlo puede evitarte muchas decepciones y cometer muchas veces el mismo error. Así que si lo que quieres es tener una relación de verdad, te invito a que pruebes a conoceros un poco más antes, y no asumas que si os acostáis ya tendrás una relación con él, porque los hombres no lo ven así y puedes verte en una situación de amistad con derechos durante meses o incluso años, sin que por ello evolucione a algo más como tú quieres.

Otro detalle a tener en cuenta es que los hombres biológicamente están diseñados para ser «cazadores» a nivel subconsciente, y si le resulta muy fácil conquistarte, es muy probable que dejes de interesarle y pase al siguiente reto; aunque todo esto les pasa a nivel subconsciente y en realidad en muchos casos no entienden el motivo por el que dejan de tener interés. Por ello hay muchos casos de parejas que terminan casándose después de que hayan tenido una relación a distancia o algo que haya impedido la relación, hasta que finalmente ambos se comprometen. A ellos les encantan los retos, pero más aún les encanta decidir que ellos te quieren conquistar a ti, no que tú los quieres «cazar».

Recuerdo una vez más que no se trata de hacerte la difícil, de usar trucos, estrategias o manipulaciones. Se trata de entender cómo funciona la psicología humana y la masculina en particular.

Los hombres, cuando conocen a una mujer, la meten en una de estas dos categorías: la de divertirse y pasar un buen rato o la de potencial para algo más.

Normalmente, aunque no lo reconozcan o ni siquiera lo sepan a nivel consciente, valoran más a una mujer que no se acuesta con ellos inmediatamente (también porque eso les hace pensar que si lo has hecho con ellos, lo habrás hecho igual con otros muchos más) y prefieren a una mujer que les haga esforzarse y ganársela. A ellos les gusta saber que han sido elegidos, no que han conseguido lo que podría haber conseguido cualquier otro con la misma facilidad.

Uno de los problemas habituales que hay hoy en día es que las mujeres acceden a tener sexo en la primera cita o demasiado pronto, no porque ellas estén preparadas para tenerlo, sino porque les gusta el hombre y creen que así lo podrán retener de alguna manera, que eso significará que están en una relación o para que no se vaya con otra, pero no porque para ellas sea el momento adecuado. Esto tiene dos consecuencias y ambas negativas. Una, que él pierde interés y muchas veces desaparece; y otra, que él de alguna manera siente que ella lo está haciendo por contentarlo a él o por ese miedo a que él se vaya con otra o para forzar una relación (créeme, los hombres son muy sensibles a captar ese tipo de vibraciones), y entonces sienten que ella no se respeta los suficiente, porque saben que no lo está haciendo porque ella realmente lo desee, sino por él. Y ese no ponerse ellas antes y respetarse antes ellas, a ellos les resulta poco atractivo. Ellos necesitan estar con una mujer que se respete a ella misma lo primero y que sepa poner límites para que la respeten.

Es muy importante que te respetes a ti misma profundamente y estés dispuesta a poner tus límites, en especial a un hombre, te guste lo que te guste y pase lo que pase, así sea que él desparezca o que tú tengas que alejarte de él. Eso no es solo fundamental para tu sana autoestima, sino también muy atractivo para un hombre, y hace que te vea como algo más que un plan de diversión. Y aquí no sirve actuar, ni hacerlo para resultarle atractiva a él. Es un sentimiento de respeto que tienes que tener tú misma interiorizado, tener claros tus límites y tus principios y ser coherente con ellos en tu forma de actuar.

Si quieres tener sexo por el simple hecho de que te apetece sin más, perfecto. Todos tenemos la libertad de hacerlo sin ser juzgados. Pero si estás buscando una relación, conviene que vayas más despacio y os conozcáis un poco más antes. Hay teorías que dicen que no hay que tener sexo antes de tres citas; otras dicen tres meses. Lo importante es que sea en el momento que tú te sientas preparada, pase lo que pase después; por otro lado, si para ti lo coherente es llegar ahí solo si hay un compromiso de relación exclusiva, que sepas que tienes derecho a expresarlo así.

No obstante, el esperar unos tres meses tiene sentido, ya que es un tiempo prudencial en el que has podido al menos conocer un poco a la persona, crear una conexión emocional y saber si quieres seguir conociéndola a nivel íntimo y si podéis llegar a establecer una relación más estable.

Es muy importante que el hombre que estés conociendo respete tu ritmo, ya que eso dice mucho de él y del respeto que te tiene. Mantente atenta si un hombre intenta forzar tus tiempos. No es una buena señal. El hombre correcto lo hará. Un hombre que te respeta y te valora no quiere incomodarte, todo lo contrario; quiere que te sientas bien junto a él y hará lo posible para ello y para esperar a que tú estés lista.

Por otro lado, muchos hombres que solo buscan sexo suelen dejarlo claro. Otra cosa es que tú pienses que puedes hacerle cambiar de opinión (cosa que no te recomiendo y que puede resultar en desastre). Si un hombre te dice que solo quiere eso, créelo, está siendo claro y sincero, así que accede únicamente si eso es lo único que quieres tú también. Tú eres adulta y responsable de lo que haces. Si lo has hecho antes de tiempo, acepta las consecuencias y no repitas el error. Nada más. Sin culpas hacia él o hacia ti misma.

Finalmente, ten en cuenta que un hábito sexual sano en el contexto de la pareja es una garantía de felicidad para ambos. Está demostrado en varios estudios que las parejas que mantienen relaciones sexuales varias veces por semana son más felices y suelen ser relaciones mucho más duraderas. Incluso está demostrado en estudios que suelen ser más exitosos e incluso ganar más dinero que los que no tienen una vida sexual activa en pareja.

No siempre son las mujeres las que no tienen apetito sexual; a veces los hombres, sobre todo debido al estrés laboral, a algún tipo de problema de salud o al uso excesivo de pornografía, pueden tener también problemas.

Como en casi todas las situaciones, una comunicación clara y respetuosa en la pareja, desde la comprensión y desde el amor, evitando culpar, suele ser una buena opción. Y si es por algún motivo de salud, recurrid a especialistas que puedan determinar las causas.

En fin, si es tu pareja estable o tu marido, entiende que el sexo es muy importante para él y ten en cuenta que el contacto físico suele ser, para la mayoría de los hombres, su lenguaje principal del amor (hablaremos sobre ello en otro capítulo), y es la forma en la que ellos se sienten realmente conectados contigo; así que practícalo siempre que puedas y tanto vosotros como vuestra relación se verá reforzada y más feliz.

Es importante que habléis de vuestros gustos, de vuestras fantasías, de lo que más os gusta hacer juntos, sin juzgaros, y que probéis todo lo que no suponga algo desagradable para alguno de vosotros.

En una ocasión escuché que un *coach* hablaba de una pareja que llevaba casi cincuenta años juntos y seguían siendo muy activos sexualmente. Él les preguntó sobre cuál era su «secreto». Ellos le contestaron que probaban cosas nuevas y que, si les gustaba, las repetían. Creo que es un gran consejo.

Error 7
Tus prejuicios sobre los hombres y las relaciones

Principalmente, este error es una de las causas de que mucha gente esté sin pareja o no llegue a pasar de relaciones superficiales o cortas.

Los prejuicios sociales que nos rodean y los que tenemos en concreto las que ya hemos pasado por alguna ruptura y alguna decepción, impiden en muchos casos que le demos la oportunidad a algunos hombres y que nos la demos a nosotras mismas. En la mayoría de los casos, estos prejuicios ocasionan el autosabotaje de una relación que podría haber tenido posibilidades de convertirse en una relación fantástica. Por supuesto, a los hombres también les ocurre.

Prejuicios tan extendidos y aceptados socialmente como que los hombres solo buscan sexo no nos ayudan a confiar en los hombres en general, y eso nos hace desconfiar de entrada e incluso dudar cuando un hombre parece que es honesto. Por supuesto, esa vibración de desconfianza y miedo que no podemos evitar, llega a la persona con la que estamos o con la que hablamos, y ocasiona que creemos barreras emocionales. Esto provoca que la otra persona se sienta de alguna manera rechazada por nosotras, ya que siente que tiene que «defenderse» de algo que ni siquiera ha hecho, y a nadie nos gusta que nos acusen de cosas que no hemos hecho o que sospechen de nosotros.

Ese «culpable hasta que se demuestre lo contrario» es muy frustrante para un hombre, igual que lo sería para una mujer, lógicamente, y también es muy injusto para alguien que tenga buenas intenciones con nosotras y que no es responsable de lo que nos han podido hacer otros hombres en el pasado, aunque sea perfectamente comprensible que nos sintamos así.

Sí, claro que es cierto que un hombre siempre va a querer tener sexo contigo. Lo cierto es que ni siquiera quedaría contigo si no se sintiera atraído por ti y no tuviera ese deseo, pero eso no quiere decir que sea solo eso lo que quiere. En especial si ya te conoce algo o ha tenido ocasión de hablar contigo. Los hombres que tienen interés real en ti no tendrán inconveniente en esperar para tener sexo hasta que tú te sientas cómoda. Este es uno de los indicadores de que no quieren solo sexo contigo. Los hombres demuestran su interés con acciones, así que observa bien su comportamiento.

Ya sabemos que hay hombres que solo buscan aventuras sexuales, que no están preparados para tener una relación y no están abiertos a esa posibilidad de ninguna manera. Pero también es cierto que hay muchos hombres, de hecho la mayoría, que querrían encontrar a esa mujer especial con la que compartir mucho más que sexo.

Hay hombres que solo buscan sexo porque les gusta la variedad, su libertad o porque no están en el momento óptimo en el que buscan algo más estable, y tenemos que aprender también a respetar eso. No quiere decir que tengamos que aceptar salir con ellos y ser solo una aventura más para ellos si no queremos, sino simplemente respetarlo y seguir buscando a alguien que sí esté abierto a algo más. También hay un porcentaje alto de estos hombres que no quieren una relación porque han pasado por una ruptura dolorosa y no están preparados para afrontar la posibilidad de que vuelvan a hacerles daño. Pensamos que somos solo nosotras las que sufrimos en las rupturas, pero no es así. Eso tampoco quiere decir que tengas que ponerte en plan «pobrecito, eso es porque no le han querido de verdad y conmigo va a ser diferente. Yo le voy a demostrar que conmigo va a ser mejor», que ya sabemos que las mujeres tenemos ese instinto de «salvadoras» que nos pierde en muchas ocasiones, y la idea de intentar «convencerle» de algo no es buena y nunca sale bien. Es un proceso que tiene que hacer él solo.

De la misma manera que tú respetas lo que busque un hombre, tú tienes derecho a buscar lo que quieras y a que se te respete también. Comunícalo de forma clara desde el principio para que entienda que te gustaría algo de verdad en un futuro si conoces a la persona adecuada.

Otro de los «mitos» que están muy extendidos sobre los hombres y que no es cierto, es el de que los hombres tienen miedo al compromiso. Es cierto que hay hombres que no quieren tener una relación por varios motivos, como hemos dicho, y es cierto que a los hombres les cuesta más llegar al punto de querer formalizar una relación y comprometerse, bien porque han pasado por alguna ruptura muy dolorosa o porque ellos se lo toman como una responsabilidad para con nosotras y les supone también perder lo que ellos más valoran, que es su libertad. Claro, no es literal en la mayoría de los casos, pero sí hay un prejuicio social muy extendido al respecto.

El caso es que ellos se toman muy en serio el comprometerse con alguien, les cuesta más que a nosotras identificar lo que sienten por nosotras por norma general y llegar al punto en el que saben con seguridad que quieren estar solo contigo.

Uno de los problemas que tenemos las mujeres es que a veces intentamos forzar en cierta manera ese ritmo de ellos para sentirnos más seguras en la relación, y entonces él se siente presionado y en muchos casos se aleja de nosotras.

El otro problema es cuando las mujeres aceptan esa situación sin compromiso demasiado tiempo, y pasan a sentirse resentidas con él y a aceptar una situación de infelicidad, ya que no es lo que ellas realmente desean. A no ser que ella exprese lo que necesita y él esté dispuesto a avanzar en la relación, suele terminar también en ruptura y en muchos casos en muchos meses e incluso años perdidos.

Lo ideal sería que las relaciones evolucionaran de forma orgánica y natural, de forma progresiva, pero no siempre se da así, ya que como hemos dicho los ritmos de las mujeres y de los hombres son diferentes, y además cada persona tiene los suyos.

Lo más natural en una relación sería que el hombre se conectase con su energía masculina, liderase él la relación y fuera dando los pasos hacia esa evolución, para que así la mujer pudiera estar conectada con su esencia y su energía femenina, pero el caso es que no siempre es así.

Y el mayor problema que hay en cuanto a los prejuicios sobre los hombres y las relaciones es que cuando ponemos el foco en algo, nuestro cerebro se pone en funcionamiento para buscar precisamente eso. Es como cuando te compras un coche y de repente empiezas a verlo por todas partes. Lo ves porque tienes el foco puesto ahí y porque tu cerebro te está filtrando eso a lo que tú le pones atención. Por lo tanto, si tú piensas, por ejemplo, que los hombres le tienen miedo al compromiso, tu cerebro «buscará» inconscientemente a ese tipo de hombres para que puedas justificar que esa idea es cierta. Es la profecía autocumplida.

Así que te invito a que reflexiones sobre todas las creencias y prejuicios que tienes sobre las relaciones y sobre los hombres, e incluso que las escribas y pienses si crees realmente que son totalmente ciertas. Cambia esas creencias por abrirte a la posibilidad de que existen hombres que merecen la pena, que buscan una relación de verdad igual que tú y que son honestos. Pon tu intención en conocer a ese tipo de hombres, y que si conoces a alguien tienes que darle el beneficio de la duda si no se demuestra lo contrario. No quiere decir que cierres los ojos y que confíes ciegamente; tienes que ver cómo se comporta alguien a lo largo del tiempo e ir conociéndolo para eso, pero dale la oportunidad de que te demuestre si realmente es diferente.

Confía siempre en lo que un hombre te demuestre más que en sus palabras. A veces los hombres, llevados por el entusiasmo, al principio pueden llegar a decir muchas cosas para impresionarte, pero sus acciones siempre hablarán mucho más claro sobre sus intenciones.

Verás, creo que a veces la gente tiene demasiadas barreras a la hora de relacionarse. Parece que nadie quiere demostrar claramente cuándo está interesado en alguien para prevenir sentirse rechazado, y al final se pierde autenticidad, espontaneidad y la posibilidad de vivir momentos maravillosos o en muchos casos la posibilidad de llegar a una fantástica relación. Todo se convierte en un juego y en «técnicas» para manipular la situación. Yo os invito a estar abiertas a experimentar, a abrir vuestro corazón, a arriesgaros siempre desde la base del respeto propio y de los límites propios. Al final, lo único que puede llegar a pasar es que no salga bien, y eso no es el fin del mundo. Habrás aprendido algo y habrás disfrutado de una maravillosa experiencia el tiempo que dure. A veces la vida te sorprende y vives algo más maravilloso en unos días que en muchos años.

Error 8
Hacer demasiado

«Si te olvidas de ti mismo, los demás seguirán tu ejemplo, te olvidarán y probablemente deducirán que no existes».
Jorge Bucay

Este es otro error muy habitual en el que caemos las mujeres. Solemos hacerlo por patrones que hemos heredado de nuestras madres, o en algunos casos estar motivado por el miedo a perder a tu pareja, no gustarle lo suficiente o miedo a que se vaya con otra «que le guste más» o «que lo trate mejor».

En parte lo hacemos porque los tratamos a ellos como nos gusta que nos traten a nosotras. El problema es que ellos no necesitan lo mismo que nosotras. Y también lo hacemos porque pensamos que si hacemos cosas por él continuamente y lo llenamos de atenciones, de detalles y de amor, pensará que somos perfectas para él y que eso evitará que tenga tentaciones de irse con otra mujer o ser infiel.

Este error también se suele dar cuando las mujeres se ponen en el rol de salvadora, si por ejemplo su pareja ha tenido un pasado difícil o está pasando por un mal momento y se utiliza ese «hacer demasiado» a modo de compensación.

Uno de los problemas de este error es que si alguien está pasando por un momento difícil o ha tenido problemas en su pasado que le han causado problemas de autoestima y de amor propio, no hay nada que nosotras podamos hacer para compensarlo. Si nos ponemos en posición de hacer demasiado o hacer de terapeutas, lo único que haremos será afianzar esa carencia que tiene nuestra pareja, de alguna manera quitarle aún más poder personal y en algún momento (aunque en un principio parezca que está agradecido con toda esa clase de atenciones) se sentirá resentido con nosotras porque sentirá que «pensamos que necesita de nosotras para salir adelante» en lugar de confiar en él, en sus capacidades, y motivarlo a que se enfrente a esas situaciones. Todo ello empeorado si nos pasamos al extremo de hacer todo por él «en modo madre».

El otro gran problema de este error es que está basado en el miedo a perderlo o para conseguir algo, como por ejemplo la reciprocidad de esos gestos y atenciones, por lo que termina siendo una forma de actuar totalmente manipuladora y es algo que los hombres pueden percibir claramente. Es una vibración de necesidad, de apego, de miedo y de expectativa de algo. De hacer algo para recibir algo.

La vibración de miedo a perderlo, de inseguridad y de necesidad son las que más repelen a un hombre.

La energía, la vibración y los pensamientos son mucho más poderosos de lo que la mayoría de la gente piensa. Los pensamientos crean emociones y crean una vibración. Todo ello construye lo que vivimos, tanto para bien si es positivo, como para mal si es «negativo». Podemos negarlo, pero no dejará de ser así. Podemos ignorar que existe ese poder, pero entonces seguirá jugando en contra nuestra. Cuanto antes te des cuenta de que la intención, la atención y la emoción que le pones a las cosas y en lo que te enfocas construyen tu vida, antes podrás usarlo a tu favor.

Verás, lo que nos pasa no es una casualidad y tampoco lo es la gente que conocemos, tal como piensa mucha gente. Nuestro estado de ánimo, nuestros pensamientos, nuestras emociones y nuestra vibración lo crean. El universo no entiende si lo que piensas y sientes es algo que no quieres; solo entiende que tienes puesto tu foco ahí y todo aquello a lo que le das foco se expande. Es como si el universo leyera tus pensamientos de forma neutra e interpretase que es un pedido. No interpreta si es bueno o malo; solo es un pedido. Interpreta «esto es lo que quiero», así que si lo que te ocurre es bueno lo has creado tú, y si lo que te ocurre es «malo» también lo has creado tú. De ahí que sea fundamental que te enfoques en las cosas que quieres, ya sean en una relación, en una pareja o en cualquier otra cosa.

Cuando te enfocas en algo, lo ves. Así que elige bien en lo que te enfocas. Puedes decidir enfocarte en todo lo que no te gusta de tu pareja, o incluso de ti, o puedes escoger enfocarte en todo lo que sí te gusta de tu pareja, todo lo que te aporta, todo lo que hizo que te enamorases de él y todos los detalles que ha tenido desde que os conocéis. Y por supuesto, haz lo mismo contigo, piensa en todas tus cualidades, en todo lo que te hace una mujer única y especial, en todo lo que haces bien. Lo mismo si no tienes pareja aún: piensa en lo que te gustaría en un hombre y en una relación.

Finalmente, cualquier cosa que hagamos para conseguir algo de nuestra pareja es una manipulación y nace del miedo a perderlo, a dejar de gustarle o de la necesidad de validación por su parte. Es una forma de intentar controlar a nuestra pareja, y se sentirá repelida por nuestra vibración aunque no sepa explicarlo de forma consciente.

Este «hacer demasiado» suele empezar desde el principio de la relación, desde la etapa de la conquista, en la que la mujer hace un gran «esfuerzo» para conquistarlo, para gustarle, para probar su valía y para que la elija. Todo ello, tal y como hablamos en el capítulo que habla sobre las energías masculina y femenina, lo único que hace es que el hombre pierda el atractivo por ella, debido a que todo lo que consista en «hacer» nace de la energía masculina.

Con esto no estoy diciendo que una mujer no tenga que hacer nada, ni tenga que tener atenciones ni detalles con un hombre. Para nada. Lo que sí es cierto es que tiene que haber un cierto equilibrio en dar y recibir para que sea una interacción armónica y que la relación vaya evolucionando de forma natural. No es conveniente que haya un desequilibrio en cuanto a dedicación de tiempo y de energía, pero en el caso de un hombre masculino y una mujer femenina siempre es mejor dejar que él lidere de alguna manera la conquista, sea el principal proveedor en cuanto atenciones, detalles y esfuerzo, solicitar la exclusividad en la pareja, pedir matrimonio, etc. No es una posición de pasividad, ni de debilidad, ni de estrategia; es simplemente dejar que él tome su energía masculina y haga su papel de hombre para tú poder posicionarte en tu energía femenina y tomar el tuyo de mujer. De esta manera los dos están más alineados con su esencia y su energía natural que si es al revés, y ninguno de los dos se siente cómodo. Tanto el hombre como la mujer seguimos teniendo biológicamente los mismos roles e impulsos a nivel subconsciente, ya que nuestros cerebros siguen funcionando igual que hace miles de años. Es por ello que seguimos teniendo las mismas necesidades y los mismos impulsos. Funcionamos en términos generales en un 90 o 95% a nivel subconsciente, y tomamos las decisiones en base a ello; únicamente funcionamos a un 5 o un 10% a nivel consciente. Tomamos decisiones a nivel subconsciente y después intentamos racionalizarlo. Esto es muy claro cuando sentimos atracción por alguien. Realmente no elegimos a la persona por la que nos sentimos atraídos, y tampoco podemos deliberadamente sentir atracción por alguien.

En realidad se trata de que no sientas la necesidad de hacer tanto para demostrarle que eres una mujer de valor o que eres una mujer maravillosa. No necesitas hacer nada para eso, solamente sentirlo e interiorizarlo. Cuando sabes que de verdad eres una mujer de valor, que tienes opciones y que sabes que eres una mujer que vale la pena, no necesitas hacer nada para demostrarlo ni para que un hombre lo perciba. Es algo que le va a llegar a través de tu vibración, de tu lenguaje corporal, a través de cómo te mueves, cómo hablas, cómo te comportas, de los límites que pones. Nos pasa con cualquier persona. Sabemos distinguir entre una persona que se siente segura de sí misma o una que no. Así que en lo único que tienes que trabajar no es en hacer cosas para gustarle, sino en sentirte tú bien contigo misma, en reconocer la mujer maravillosa que hay en ti, que ya está ahí, y en todo lo que puedas mejorar sobre ti misma. Solo tienes que trabajar en ser tu mejor versión y los hombres lo sentirán y se sentirán atraídos por ti. Y no estoy hablando aquí sobre el físico únicamente; ya sabemos que sí —no podemos negarlo—, que el físico es importante y hay que cuidarlo como parte de esa autoestima y ese cuidado que tenemos que tener con nosotros mismos y por ser nuestra tarjeta de presentación, pero también —y sobre todo— cultivar nuestro interior, porque de esa manera sentirán esa vibración y esa atracción, ese no sé qué, aunque no lo puedan explicar con palabras.

Verás, el físico y las ropas llamativas o *sexy* pueden atraer a un hombre en un primer momento, y desde luego llamarán su atención, pero solo las cualidades interiores harán que se quede contigo. El que seas una mujer positiva, divertida, dulce, compasiva, segura de ti misma, con vida, con pasión, espontánea, femenina, sensual... Todo eso es lo que hará que un hombre quiera quedarse contigo, no todo lo que hagas por él. Hay estudios que demuestran que las dos principales cualidades que los hombres buscan en una mujer son que sea divertida y de buen corazón. A los hombres masculinos les encanta la dulzura, quizás también porque es el equilibrio perfecto para ellos, que desde pequeños han sido educados para «ser fuertes» y reprimir sus emociones, así que el que una mujer le trate con dulzura es algo que les conecta con un mundo que es totalmente desconocido para ellos y de lo que no han tenido mucho en su vida, teniendo en cuenta que en general y lamentablemente, los hombres desde niños no reciben tantas demostraciones de afecto como las niñas, porque «tienen que hacerse fuertes», tal y como se refleja en estudios acerca de ello.

El hombre es por naturaleza competitivo, por lo que en cierta manera es bueno también dejar que lidere la conquista y pueda sentir ese «habérselo ganado» y el «haber sido elegido entre la competencia de hombres». Repito: nunca, nunca, nunca recomiendo usar juegos ni tácticas para hacer que te escoja o para hacer que haga algo, que te eche de menos, darle celos o cosas parecidas, sino entender y respetar su naturaleza y dejarle que se sienta el hombre que él quiera ser, dejar que sienta que lo respetamos como hombre y le dejamos hacer su papel. Es como cuando un jugador le pasa la pelota a otro para que sea él quien meta el gol. Dejemos que puedan sentirse como hombres conquistándonos, y entonces nosotras podremos ponernos en nuestro rol natural de mujer y también sentirnos más conectadas con nuestra esencia femenina, especiales, valoradas y protegidas de verdad, aunque en realidad no lo necesitemos y sea solo por lo bien que ellos nos hacen sentir con esos comportamientos.

Lo que más valora una mujer en una relación es sentirse segura (física y emocionalmente) y valorada (sentirse especial). Y lo que pasa es que si tú haces demasiado y eres tú la que tiene que estar esforzándose para que la relación evolucione, haciendo planes, iniciando siempre la comunicación, etc., en algún momento te sentirás resentida porque esperas algo a cambio y no puedes sentirte segura emocionalmente, ni tampoco valorada, porque en el fondo de ti sabes que si de verdad te valorase, él haría más, pero para ello tienes que dejar ese espacio para que él lo llene, en lugar de intentar llenar tú siempre ese espacio hablando, llamando, mandando mensajes, proponiendo quedar, etc. Y sí, es cierto que a veces tú creas el espacio y ellos no están motivados a «llenarlo», pero entonces tienes la opción de buscar a alguien que sí tenga de verdad el deseo de hacerlo. El hombre que sea para ti lo hará.

En mi opinión, parece que a veces olvidamos que los humanos somos una especie animal más, y que al igual que todas ellas, las hembras, en este caso las mujeres, siempre han sido las que han escogido a su macho para aparearse, pero son los machos los que conquistan.

Parece que tal y como están ahora las cosas, las mujeres se han olvidado de ese poder natural que tienen como esencia femenina que son, y han pasado a «esperar ser las elegidas del hombre que les gusta» y a «hacer cosas para gustarle», que es en realidad el rol del hombre, al igual que hacen los animales, desde el pavo real hin-chándose y pavoneándose para parecer más atractivo y más grande, a los animales que luchan para ser el macho vencedor, el más fuerte y ser elegido así por la hembra. De ahí que esa misma necesidad de «ser ele-gida» y de hacer cosas para gustarle, sean precisamente las que le repelen, por ser en realidad conductas bási-camente masculinas. Si añades a todo esto que el tener que hacer cosas para gustarle va unido a la inseguridad de no sentirse suficiente y por ello tener que «hacer cosas», el resultado es aún peor.

Tienes que entender que nada de lo que hagas desde esa necesidad de «convencer» te va a funcionar. Nada de lo que hagas como manipulación o para conseguir algo de él o que él haga algo te va a funcionar. Hacerle sus comidas favoritas, mandarle mil mensajes de amor, hacerle regalitos o aparecer en su oficina por sorpresa, no va a servir para que te «elija» a ti. Todas esas cosas, si son en su justa medida y dosificadas, en equilibrio con lo que recibes de la otra persona y desde una vibración sincera de dar sin esperar nada a cambio, pueden estar bien en ciertos momentos y hacer que tu hombre se sienta valorado y apreciado. Igualmente, a pesar de lo que las mujeres pensamos, todas esas cosas no son las más importantes para un hombre. Ya sabes que para un hombre, el respeto, el aprecio e incluso la admiración siempre será lo más importante, y validarlo como persona y como hombre será mucho más efectivo para que él se sienta bien contigo que cualquier otra cosa que puedas hacer. Desde luego, siempre desde la más absoluta sinceridad.

Otro peligro a tener en cuenta de esta conducta de hacer demasiado es pasarse al modo «madre», haciéndole todo. Es una de las formas que más solemos utilizar al hacer demasiado, aunque no nos solemos dar cuenta porque la sentimos como algo muy «natural» en nosotras y porque seguramente en muchos casos hemos visto cómo nuestras madres y casi todas las mujeres en general hacen este tipo de cosas como organizarle la agenda, escogerle la ropa o «reñirle» porque él no sabe hacer algo o no le sale como a ti.

Este quizás es el extremo más destructivo, ya que cuando pasas a parecer su madre, el atractivo por ti desaparece completamente, y aunque durante un tiempo parezca que está contento de recibir atenciones y de que le hagas cosas, en algún momento se sentirá resentido contigo porque le tratas como a un niño y le haces sentir menos hombre. Y no hay nada peor para que un hombre que el que le hagas sentir «poco» hombre.

Por supuesto, si además utilizas expresiones que ataquen su hombría, directamente estás cavando la tumba de tu relación o como mínimo de que te sea infiel, ya que como hemos dicho, el respeto es básico para un hombre, por encima incluso del amor, así que cuida muy bien las alusiones a su «falta» o «poca» masculinidad, aunque sea en broma.

Te preguntarás entonces qué tienes que hacer para «no hacer demasiado». Pues verás, empezando desde el principio, si no tienes pareja te sugiero que dejes que sea él el que haga la mayor parte de la conquista activa y el que te invite a salir la mayoría de las veces. Ya sé que esto choca con las ideas feministas y modernas, y con lo que dice ahora todo el mundo (incluidos algunos hombres) acerca de que las cosas han cambiado, pero si hasta ahora no te ha dado resultado lo que haces, te sugiero que pruebes a hacer algo diferente y dejes que sea él quien dé el primer paso y el que lidere la conquista. Por supuesto, puedes dejar claro que te resulta interesante y que su compañía te resulta agradable, para que él se anime a hacerlo. Es cuestión de que te conectes con tu esencia femenina y te dejes conquistar. Te sentirás mucho más cómoda, más relajada y más presente, ya que es nuestra esencia natural; además a los hombres les encanta, porque de esa manera ellos también se pueden conectar con su esencia masculina y se sentirán más «hombres» contigo.

Deja que él te proponga quedar y que planee la cita, aunque tú puedes darle pistas de cosas que te gustan. Deja que sea él quien vaya un paso por delante, y después aprecia sinceramente el esfuerzo que ha hecho.

También es bueno dejarles su espacio. Una vez más, no como táctica, sino entendiendo que es una necesidad para el hombre que necesita su espacio para centrarse en sus cosas, sus objetivos, para procesar temas que le estresan y para esos momentos en los que él puede aumentar sus niveles de testosterona que le permiten sentirse más conectado con su energía masculina. Dejándole su espacio también dejas ese hueco para que él pueda volver a ti y «conquistarte», que como hemos dicho es tan importante para él.

Error 9
No entender su lenguaje del amor

«Hay muchas formas de demostrar el amor...
Sea cual sea, demuéstralo».

La primera vez que escuché hablar sobre el libro *Los cinco lenguajes del amor*, de Gary Chapman, me quedé muy asombrada. ¿Cómo puede ser que no nos demos cuenta de algo tan sencillo? Si todos somos diferentes, y hombres y mujeres también, ¿por qué asumimos que todo el mundo demuestra amor de la misma manera? Y lo que es peor, ¿por qué pensamos que alguien puede adivinar lo que necesitamos si a veces ni siquiera nosotros mismos somos conscientes de ello?

Lo cierto es que recomiendo a todo el mundo leer este maravilloso libro, porque te servirá, no solo si tienes pareja, sino para entender y mejorar tu relación con tus padres, tus hijos e incluso con tus amigos.

Tal y como explica el Doctor Chapman, existen principalmente cinco lenguajes del amor: palabras de afirmación, tiempo de calidad, recibir regalos, actos de servicio y contacto físico. Todos tenemos un lenguaje principal en el que nos sentimos amados, aunque puede haber una combinación de dos que sean muy parecidos en importancia.

De la misma manera, la ausencia de «demostraciones en nuestro idioma del amor» tiene como consecuencia que, aunque la otra persona esté intentando demostrarnos que nos quiere, no le «entendamos» —igual que pasaría con un idioma extranjero— y no sintamos ese amor.

El Doctor Chapman habla del *love tank* o contenedor de amor, que en el caso de no recibirlo en el idioma adecuado que entendemos, sentiríamos que está vacío. Por el contrario, si recibimos muestras de amor en nuestro idioma, nuestro contenedor del amor se va llenando y por lo tanto también se despierta el deseo de hacerlo por la otra persona, igual que suele suceder en los primeros meses de una relación.

Por lo tanto, la clave está en reconocer cuál es el lenguaje o los lenguajes principales de nuestra pareja para poder hablar en su idioma y llenar su contenedor del amor. Igualmente importante es definir cuál es el nuestro para poder sugerir qué es lo que necesitamos y lo que nos hace felices.

Si por ejemplo, el lenguaje del amor de tu pareja es el tiempo de calidad, pero tú en lugar de darle eso le compras regalos, es muy probable que no surta el efecto que pretendes, ya que ese no es su lenguaje y puede que incluso lo interprete como una «compensación» a modo de soborno, pero en ningún caso se sentirá amado o amada de verdad.

Muchas veces es muy frustrante (en especial para los hombres) el no saber cómo hacernos felices, ya que es muy común entre las mujeres el pretender que nos «adivinen» lo que queremos, y eso complica mucho las cosas. Por el contrario, si a un hombre se le da una «pista» de qué es lo que necesitamos para sentirnos felices, él normalmente estará más que dispuesto a hacerlo.

Normalmente solemos tender a demostrar amor de la manera en la que a nosotros nos parece natural y que suele ser nuestro propio lenguaje del amor, por lo que si observamos a nuestra pareja y lo que hace para demostrarnos amor, podremos deducir cuál es su lenguaje.

También, en algunos casos, se toman como modelo las muestras de amor que hemos visto que tenían nuestros padres con nosotros o entre ellos.

De la misma manera, escuchando los motivos por los que se queja nuestra pareja, también podremos saber qué es lo más importante para él o ella y qué es lo que está necesitando por nuestra parte para sentirse amado o amada. Por ejemplo, si nuestra pareja se queja de que nunca le ayudamos en casa o que nunca se encarga de ordenar el trastero, es muy probable que su lenguaje del amor consista en actos de servicio, y que si hacemos eso se sienta amado a amada. Está claro que cuando se nos piden las cosas en modo o tono queja no nos resulta agradable, pero lo cierto es que en algunos casos es una llamada desesperada por parte de nuestra pareja para sentirse amada por nosotros. Y si lo que quieres es mejorar tu relación, quizás sería conveniente que hicieras precisamente «eso» que tu pareja te ha pedido tantas veces y sigues sin hacer.

Por todo ello, es fundamental que identifiques cuál es el lenguaje del amor de tu pareja, de tus hijos o de tus padres; si no hablamos el lenguaje del amor en un idioma que puedan entender, podemos sentirnos frustrados porque «estamos haciendo un montón de cosas» por ellos y sin embargo tendremos la sensación de que «nada es suficiente», porque no estamos acertando con la forma adecuada en la que ellos se sienten realmente amados y de esta manera llenar sus tanques del amor.

Quizá le estés haciendo a tu pareja todo lo que se te ocurre para que se sienta bien porque sientes que estáis «desconectados», y estés comprándole detalles, haciéndole su comida favorita, etc. Si su lenguaje del amor es el de frases de afirmación, lo único que está necesitando es que le digas algo como: «Cariño, gracias por todo lo que te esfuerzas en tu trabajo para ese ascenso y para darnos todo lo mejor y que no nos falte de nada. Lo valoro mucho. Me siento tan orgullosa de ti...». Unas palabras de reconocimiento, en una persona que tiene las afirmaciones positivas como lenguaje principal del amor, pueden ser realmente importantes. Por el contrario, las palabras de descalificación o menosprecio pueden ser tremendamente dañinas para su autoestima y para la salud de la relación, que se vería muy afectada.

Hay dos referencias que puedes usar para ayudarte a averiguar qué es lo que realmente necesita tu pareja para sentirse amada. Son observar y recordar.

La primera, observar cómo reacciona a los gestos que tengas con él o ella, bien sea contacto físico (cuando le das un abrazo, besos, un masaje, le acaricias el pelo, etc.), hacerle pequeños regalos, hacer algo juntos y estar realmente presente, como dar un paseo sin teléfonos y hablando con verdadero interés; hacer algo, por ejemplo, que suele hacer tu pareja para que cuando vuelva de trabajar en lugar de hacer eso pueda descansar, agradecerle de palabra o en una notita todo lo que hace por ti, o algo en especial que quieras transmitirle que te gusta de él o ella. Esto te dará una idea de cuál o cuáles son sus lenguajes de amor.

La segunda cosa —recordar— consiste en hacer memoria de qué le gustaba a tu pareja cuando empezasteis a salir, de qué forma te demostraba él o ella que te quería, en qué momento parecía que tu pareja estaba más feliz, qué os gustaba compartir, qué detalles solía tener, etc. Recuerda también cuáles son esas quejas que ha estado haciendo y fíjate en si suelen ser sobre temas parecidos.

Si lo que quieres es mejorar tu relación, merece la pena el tomarse ese tiempo de observar, recordar y por supuesto, poner en práctica.

El Dr. Chapman sugiere que una vez detectado el idioma de nuestra pareja, lo pongamos en práctica al menos una vez a la semana para mantener el contenedor del amor siempre lleno, que a su vez causará el efecto de que nuestra pareja también desee hacer lo mismo con nosotros, como si de una segunda luna de miel se tratase.

Tal y como he comentado antes, también se puede aplicar con nuestros hijos, padres, etc., así que no pierdas la oportunidad de mejorar también las otras relaciones importantes de tu vida, para que pueda llegarles ese amor y ese calorcito a su corazón.

Y no olvides que la comunicación, como pilar en una pareja, es también una forma maravillosa de averiguar qué es importante para tu pareja y los tuyos, tanto preguntándoles qué es lo más importante para ellos como para comunicar qué es lo que más valoras y agradeces tú que hagan por ti.

Error 10
No hacerte responsable de tus errores

Les Brown

¡Hay tantas cosas importantes que no nos enseñan en el colegio ni en nuestras casas...! No nos enseñan a gestionar nuestras emociones, a comunicarnos de forma efectiva y positiva, a encontrar nuestros dones, nuestro propósito, nuestros talentos... Tampoco nadie nos enseña a ser responsables de nuestra vida y de lo que hacemos con lo que nos pasa en ella, incluido ser responsables de nuestra felicidad.

Veréis, no podemos cambiar muchas de las cosas que nos pasan (aunque sí muchas más de las que pensamos), pero sí podemos, en la mayoría de los casos, decidir qué hacemos y cómo reaccionamos a lo que nos pasa.

Nuestras decisiones, grandes o pequeñas, condicionan la clase de vida que tenemos, y esta puede ser cada vez mejor si tomamos plena responsabilidad sobre ella, nuestras decisiones, las consecuencias de nuestras decisiones —o incluso de no tomarlas— y de nuestra felicidad. Y hablo aquí de plena responsabilidad, tanto de lo bueno que nos pasa como de los menos bueno.

Claro que es mucho más fácil culpar a otros de nuestra infelicidad o de las cosas que no nos van tan bien como quisiéramos. Es algo a lo que estamos tan acostumbrados que nos parece «lo normal» o «ser realistas», y lo aceptamos como verdad y como única posibilidad. Si algo nos va mal, siempre es culpa de alguien o de algo. «Es que la crisis...», «es que mi padre...», «es que mi marido...», «es que mi jefe...», «es que el gobierno...» «...no me dejan ser feliz, me hacen la vida imposible, me hicieron, me dijeron...». Y un largo etcétera de culpas y excusas.

En realidad, así no tenemos ningún poder para cambiar las cosas, porque el poder se lo hemos dado a esa persona o cosa que culpamos, y mientras nos mantengamos en esa posición de víctima, así seguirá siendo. Mientras no retomes tu poder y tu responsabilidad en tu vida, tu felicidad estará en la mano de cualquiera o de cualquier circunstancia.

No nos gusta escuchar esto. Todos hemos pasado por ahí y decimos «...no, no, pero es que a mí me hicieron tal y cual cosa, y por eso no puedo...».

En realidad, casi siempre tenemos la posibilidad de escoger desde la responsabilidad y cambiar las cosas. Es como montar a caballo: o tomas las riendas tú o será el caballo el que te lleve a ti a donde él quiera. Y lo mismo pasará con tu vida. Pero tú puedes coger las riendas en el momento que quieras. Únicamente necesitas tomar la decisión y decir: «Se acabó; a partir de ahora yo dirijo mi vida». Pero hazlo de verdad, dilo en voz alta si hace falta. Di: «Ahora en mi vida mando yo». Las declaraciones son mucho más poderosas de lo que pensamos, siempre y cuando sean de verdad y estemos dispuestas a hacer lo que tenemos que hacer después. En unos casos será respetarte más, poner límites sanos, dejar de consentir que te hagan cosas que sabes que no están bien, dejar de hacer cosas por los demás que no te apetece hacer, decir «no» cuando quieres decir «no», ponerte a ti primero, no tomarte ciertas cosas de forma personal, trabajar interiormente en ti y ver qué tienes que mejorar, qué conductas tienes que modificar o incluso eliminar, qué tienes que potenciar, reflexionar sobre qué creencias te están limitando, por qué te afectan tanto algunas cosas, cómo puedes ser más tolerante...

El primer paso es aceptar que todo lo que nos pasa es simplemente un reflejo de nosotros mismos, y que se nos muestra de esta manera para poder hacernos conscientes de ello y trabajarlo.

Por ejemplo, cuando un hombre o alguien no nos está respetando, puede ser porque esa situación nos está reflejando que nosotras no estamos respetando a alguien o que no nos estamos respetando a nosotras mismas lo suficiente —por ejemplo, anteponiendo los deseos de alguien a los nuestros— y tenemos que empezar a poner límites y a respetarnos lo suficiente para ser coherentes con lo que queremos.

Este también es un tema amplísimo sobre el que se puede encontrar muchísima información y en el que merece la pena profundizar, ya que aquí solo he querido dar una pincelada para ponerlo de manifiesto por ser un pilar fundamental en las relaciones con los demás y con nosotras mismas. La relación con nosotras mismas es la base de todas nuestras relaciones y es sumamente importante que trabajemos interiormente y aceptemos nuestra responsabilidad, así como el hecho de que todo lo que nos pasa nos está reflejando la información que necesitamos para mejorar y ser nuestra mejor versión cada día. Hay verdaderos expertos en el tema que lo explicarán mucho mejor que yo y que te ayudarán poco a poco a ir tomando esa responsabilidad, y por lo tanto ese poder de cambiar las cosas y de conseguir sentirte libre de culpas, de culpar y de que tu vida y tu felicidad dependan de alguien o de algo más. No hay nada mejor que sentir la libertad de poder por fin ser la dueña de tu vida y de tu felicidad.

Entrar en una relación o estar en una relación donde esperes que la otra persona tenga que hacerte feliz o esperes que la otra persona tenga que comportarse de una manera en concreto para hacerte feliz no es sano ni para ti ni para la otra persona. Además, es algo imposible aunque esa persona quisiera poner todos sus esfuerzos en hacerlo posible. Nadie puede hacerte feliz si tú no lo eres. Ser feliz es tu responsabilidad, no de alguien más.

De ahí que una de las cosas más importantes a la hora de tener una relación es estar sola hasta que tú misma consigas ser feliz sin nadie, estar a gusto contigo misma sin necesidad de que nadie esté validándote, tener tus propios objetivos, tus propias pasiones, tus propias ilusiones. No puedes pretender que alguien llene tu vida, tienes que llenarla tú primero. No puedes esperar a que alguien llegue para darte todo, tienes que tener tú algo para dar y compartir también. Porque se trata de eso, de que dos personas que ya son felices y tienen algo para aportar cada una, se unan para compartir esa felicidad, y entonces es cuando puede funcionar, cuando los dos están dispuestos a dar, no cuando una persona tiene que dar y la otra solo espera recibir o que alguien cubra todas las carencias que tiene. Esa no es una relación sana, es una relación de dependencia.

De esta manera, si tú estás sola hasta que te sientas cómoda y feliz estando sola, no necesitarás que él tenga que hacer o decir nada para hacerte feliz, no necesitarás que él esté continuamente demostrándote que te quiere, no necesitarás nada y entonces todo fluirá de manera más natural y más orgánica. Tú ya serás feliz y él únicamente amplificará esa felicidad, como tú harás con la suya si él es el hombre adecuado. Cuando es la persona adecuada, cada uno de los miembros de la pareja siente que su vida mejora, que quiere ser mejor persona, que todo es más excitante, más apasionante, es como si todo ganase color y brillo. Y sí, desde luego que a pesar de ello habrá diferencias y malos entendidos, pero siempre serán una oportunidad para conocerse mejor y para crecer como pareja.

No es cuestión de hacerse felices el uno al otro, sino de compartir vuestra felicidad, de aportar ambos, de crecer ambos a nivel individual y como pareja también, sin perder vuestra individualidad, que es tan importante. Es todo una cuestión de equilibrio. Construir una relación sana sin pedir nada o pretender que la otra persona te haga feliz de la manera que tú creas que tiene que hacerte feliz; aceptar a la otra persona como es sin pretender cambiarla, al igual que él tiene que hacer contigo; respetar su forma de ser, su forma de entender una relación, sus ideas, su entorno, su familia, sus amigos, sus *hobbies*, sus sueños...

Por supuesto, también es importante comunicar nuestros puntos de vista e intentar llegar a un punto intermedio donde ambos nos sintamos cómodos si no se coincide en ciertas cosas, pero eso es parte del proceso de crear una relación sana desde el respeto y desde el querer conocer a la otra persona, no desde la imposición. A veces lo más importante es decidir ser feliz en lugar de tener razón. O incluso estar de acuerdo en que se está en desacuerdo y respetar cada uno la postura del otro.

Si hay algo en la otra persona que choca frontalmente con alguno de tus valores fundamentales o con tu visión de vida, no es cuestión de que intentes cambiarla o que intentes convencerla de nada. Quizás es simplemente que no es una persona compatible contigo y que no es la pareja adecuada, y tampoco tú lo eres para él. Más allá de la química y la atracción, lo más importante es que dos personas tengan valores y visión de futuro similares y alineados para que pueda funcionar.

Cuando tú eres feliz y llevas la clase de vida que quieres llevar, te sientes bien contigo misma y no necesitas la aprobación de nadie, es cuando estás lista para tener una relación de verdad, y en ese momento es muy probable que encuentres a alguien que esté en la misma situación que tú y en la misma vibración que tú. Si ves que no es así, es mejor que sigas buscando a una persona más compatible y sigas trabajando contigo misma para ver qué puedes mejorar en ti y de qué manera puedes convertirte en esa mujer que atraiga a ese hombre que tú deseas. Como dice Deepak Chopra: «Conviértete en lo que quieres atraer».

Es muy importante que tú seas todo lo que quieres en un hombre, todos esos valores y todas esas cualidades que quieres en él. Y después surgirá, y lo hará de forma tan fácil que te sorprenderá, y entonces no habrá dudas de si es o no es el hombre adecuado; simplemente lo sabrás, lo sentirás y tendrás una certeza absoluta de que es así. Puede que no puedas explicarlo con palabras, pero lo sentirás. Es mi deseo que todas las mujeres puedan sentir y experimentar esa magia, y esa es mi misión y mi propósito de vida: dar claridad desde mi perspectiva, mi experiencia y todo lo que he estudiado de gente que sabía mucho más que yo, para que tanto mujeres como hombres puedan ser más felices en sus relaciones y disfrutar de relaciones sanas y maravillosas. Porque aunque en algunos momentos de nuestra vida parezca que el amor de verdad solo existe en las películas, lo cierto es que sí existe, y sí existen hombres maravillosos y generosos esperando poder hacer feliz a una mujer, a tratarte como te mereces; sí existen esas «mágicas casualidades» que unen a dos personas y sí, hay historias reales que superan a cualquier película. Solo hay que abrirse a esa posibilidad, porque si no te abres a esa posibilidad no podrás verlo aunque lo tengas delante de ti.

Para que ello ocurra, tú tienes que hacer tu parte. Tienes que tomar las riendas de tu vida, responsabilizarte de ella (pero no culparte) y darle la oportunidad a alguien de ser inocente hasta que se demuestre lo contrario. Respetarte, respetarlo a él como hombre y como persona diferente que es, conectarte con tu esencia femenina, con tu mejor versión, esforzarte por ser mejor cada día y créeme, la magia empezará a ocurrir y la vida te sorprenderá con algo que superará incluso tus mejores sueños. Cree en ello, en que es posible y en que te lo mereces.

Así he tenido la suerte de vivirlo yo, y es mi deseo que tú también lo vivas y lo disfrutes con tu pareja o encontrando al hombre de tu vida.

Ojalá este libro te ayude a liberarte de todo lo que no te sirve y no te ayuda, y a recuperar ese poder y esa esencia femenina que todas llevamos dentro. Ojalá puedas ser todo lo feliz que te mereces y ojalá ese hombre que tenga la suerte de estar contigo también lo sea, porque ellos también se lo merecen.

El mundo está lleno de grandes hombres deseando encontrar a esa mujer especial a la que hacer feliz. Créelo, ábrete a esa posibilidad y los verás.

Es mi deseo que os encontréis y que ambos seáis todo lo felices que os merecéis.

Autores para la formación

Editatum y GuíaBurros te acercan a tus autores favoritos para ofrecerte el servicio de formación GuíaBurros.

Charlas, conferencias y cursos muy prácticos para eventos y formaciones de tu organización.

Autores de referencia, con buena capacidad de comunicación, sentido del humor y destreza para sorprender al auditorio con prácticos análisis, consejos y enfoques que saben imprimir en cada una de sus ponencias.

Conferencias, charlas y cursos que representan un entretenido proceso de aprendizaje vinculado a las más variadas temáticas y disciplinas, destinadas a satisfacer cualquier inquietud por aprender.

Consulta nuestra amplia propuesta en www.editatumconferencias.com y organiza eventos de interés para tus asistentes con los mejores profesionales de cada materia.

EDITATUM
Libros para crecer

www.ingramcontent.com/pod-product-compliance
Lightning Source LLC
LaVergne TN
LVHW090010180726
843489LV00001B/460